平成災害復興誌

平成災害復興誌

新たなる再建スキームをめざして

牧紀男

慶應義塾大学出版会

まえがき

復興できない地域はない

「被災して復興できなかった地域を見たことがありません」

私が発したこの一言が、復興を進めるうえでの励みになったと、東日本大震災で大きな被害を受けた自治体の職員から言われたことがある。関東大震災から１００周年。日本は多くの災害に見舞われてきたが、被災した地域は、どこも復興を成し遂げてきた。

この本は「私の見てきた限り、復興できなかった地域はない」こと、私が見てきた平成の時代の復興の姿をまとめるものである。復興の取組みは時代とともに変化していく。関東大震災が発生した大正、前の南海トラフ地震（東南海地震、南海地震）が発生した第2次世界大戦戦時下・終戦直後の昭和、伊勢湾台風が発生した戦後の高度経済成長期の昭和、そして本書が対象とする平成では、社会状況が異なり復興の姿も異なる。

昭和の時代までの復興については、当時の状況を良く知る研究者が「都市計画」という観点からまとめている[1]。昭和の時代までは都市計画は復興の花形であった。阪神・淡路大震災でも、初災から2ヵ月も経たないうちに復興都市計画が発表された。しかし、都市計画が行われるのは被災地全体の面積にすると数パーセントであった。その後、復興対策として応急仮設住宅と災害復興公営住宅が注目されるが、約46万世帯の被災世帯のうち応急仮設住宅と災害復興公営住宅に入居したのは少数であった。

都市計画、そして応急仮設住宅と公営住宅ではない新たな復興の姿をつくってきたのが平成の復興である。都市計画の対象とならない92パーセントの「地域」、応急仮設住宅や公営住宅に入らなかった大多数の「個人」に支援の対象を拡大した、平成の復興の仕組みについて紹介していきたい。そして、平成の復興の到達点である東日本大震災の復興の課題も踏まえ、令和の復興のあり方について考える。

復興を振り返ることの意味

この本では平成の復興について振り返るが「上手くいった／失敗だった」という評価をすることが目的ではない。復興対策についてのさまざまな判断は、その時代の状況を背景に行われる。今から見れば「ああすれば良かった」と言えるが、果たして当時の状況でその判断ができたかはわからない。阪神・淡路大震災が発生した１９９５（平成７）年は、まだバブル経済の余韻が残っており、経済は成長していくものであり、復興は成長の機会という認識があった。象徴的なのは「焼け太り」[2]は認めないという言葉であり、この言葉にはメタメッセージとして復興事業を行えば、必ず成長できる、という前提がある。阪神・淡路大震災の復興では神戸市の人口は10年で元の水準に回復したが、西部地域では震災前の水準に戻っておらず、その地域に建設された再開発ビルの店舗スペースが埋まらないことは現在も課題となっている。おそらく当時も、現在のような状況についての懸念が提示されたかもしれないが、事業が計画・実施されたということは、空きスペースが出るということが実感を持って受けとられなかった結果である。

また復興を評価することの難しさは「何をもって復興する」のかという評価軸がひとつに定まらないことにある。人によって異なると同時に、時間の経過とともに変化していく。昭和の後半の復興都市計画の代表例であり、それから約20年後に発生した阪神・淡路大震災でも復興計画策定のひな型となった山形県・酒田大火（1976年）の復興。私は再建されたまちのデザインがたいへん好きであるが、現在の商店街は人通りが少なくなっている。私は、復興の取組みは、外部の専門家が通信簿をつける性質のものではないと考えている。外の人が「良い／悪い」と言っても、苦労して復興を成し遂げそこに住まう人は、復興の出来がどうであれ、そこでの生活の営みを続けていかなくてはならないからである。

この本のトリセツ

この本は、都市計画で安全なまちをつくる（2章）、応急仮設住宅と公営住宅（3章）[3]、個人の住宅再建（4章）、まちの生業再建（5章）という4つの内容ごとに、平成の時代の復興の取組みと、その変遷についてまとめている。登場する災害は、雲仙普賢岳噴火災害（1991年）、北海道南西沖地震（1993年）、阪神・淡路大震災（1995年）、鳥取県西部地震（2000年）、新潟県中越地震（２００４年）、能登半島地震（２００７年）、新潟県中越沖地震（２００７年）、東日本大震災（２０１１年）である。１章は、どういった視点で平成の復興を分析するのかという枠組み、６章は平成の災害の残された課題を踏まえ、筆者が夢見る令和の復興の姿を示すものである。２〜５章は、項目ごとに対策の変遷を追っているので関心のある項目から読み進めても良いかもしれない。

いずれの災害も、筆者が現地に何度も赴き調査を行ったものである。１９９１（平成３）年の雲仙普賢岳噴火災害から数えると、２０１９年５月に元号が平成から令和になるまでの約30年間、災害からの復興を見続けてきたことになる。この30年の間、日本の社会状況は大きく変化し、気候変動の影響を受け、風水害が毎年のように発生し、地震災害も頻発するようになっている。気候変動にともなう風水害、南海トラフ地震、首都直下地震のような国難と呼ばれるであろう超巨大災害への対処を考えると、被害をゼロにすることは困難であり、いかに災害後社会が立ち直っていくのか、どのように復興していくのかが重要な防災課題である。本書では、平成の復興の経験の全体像を示すとともに、その課題、そして平成以上に災害が頻発すると考えられる令和の時代の復興のあり方を考える。

注

1 例えば、西山康雄『「危機管理」の都市計画——災害復興のトータルデザインをめざして』（彰国社、2000年）、越澤明『復興計画——幕末・明治の大火から阪神・淡路大震災』（中公新書、2005年）

2 例えば「焼け太り絶対否定論」という言葉が使われている。戎正晴「復興体制——復興に関する法整備等」「阪神・淡路大震災　復興10年総括検証・提言報告」（兵庫県・復興10年委員会、2005年）所収、139ページ

3 公営住宅に関わる用語の使い方について、公営住宅法では第8条に「災害の場合の公営住宅の建設等に係る国の補助の特例等」とする項目があり、狭義にはこの規定にもとづき建設された公営住宅は「災害公営住宅」となる。雲仙普賢岳の噴火災害後に被災者向けに建設された公営住宅は、制度上は「1種公営」「2種公営」「災害」「特優賃」「その他」の分類があるが、「復興公営住宅」と総称されている。本書の、とくに第3章は制度上の違いに着目し論述したものではなく、そのため、「災害公営住宅」を、災害後に被災者向けに建設される公営住宅という意味で使用している。しかし、「災害公営住宅」はこのように曖昧な用語であり、できる限り「公営住宅」を用いるようにしたが、文脈上、被災者向けに建設されたことを明確にする必要がある場合は、「災害公営住宅」を用いた。また同様の公営住宅を阪神・淡路大震災では「災害復興公営住宅」、雲仙普賢岳噴火災害では「復興公営住宅」と呼んでおり、これらについて述べる際はそれぞれの用語を使用している。

目次

雲仙普賢岳噴火災害による被害（筆者撮影）

第1章　災害復興をどう見るのか

1 自然災害の時代の幕開けとしての「平成」

昭和の災害と防災

2019(令和元)年5月1日、平成は終わり、令和に元号が変わった。この三十余年を振り返ってみると、平成は災害の時代だった。それに対して疑義を呈する意見もあるが**1**、第2次世界大戦後の昭和と比較して、防災対策が進んだにもかかわらず平成の時代に自然災害が多かったことは間違いない。1959(昭和34)年の伊勢湾台風(死者・行方不明者5,098人)以降、死者が1千人を超えるような自然災害は1995(平成7)年の阪神・淡路大震災まで発生していない。

伊勢湾台風は、日本の防災対策の転換点となる災害だった。災害対策の全体的な枠組みを示す災害対策基本法が、伊勢湾台風以前からの検討の経緯も踏まえ1961年に制定される。災害対策基本法は、災害対策の総合化、計画化、巨大災害への対処という日本の防災対策に関わる基本理念を示したものであり、実際に対策を進めるための法律も同時に整備された。高潮・洪水対策については1960年に「治山治水緊急措置法」が制定され、「治水事業10箇年計画」が進められる。災害復旧については、1962年に「激甚災害に対処するための特別の財政援助等に関する法律」(激甚法)が制定され、災害ごとに議論されていた国の復旧予算の仕組みが制度化される。

１９５５年ごろから70年代前半にかけて、日本は高度経済成長期であり、科学技術が発展し、社会が大きく変化した時期でもあった。この時代は伊勢湾台風以降、計画的に水害対策を行ったことの効果もあるが、災害による被害が少なかった、その一方で、自然現象も工学の力で抑え込むだけでなく、科学の力で予測さえできると考えられるようになっていたふしがある。しかし、そうではなかったことが平成の時代に頻発する災害により気づかされることとなった。

平成の災害と防災

災害時代・平成の幕開けとなったのが雲仙普賢岳の噴火災害である。１９９０（平成２）年から火山活動が活発化し、１９９１年６月に火砕流・土砂災害の危険がある地域が災害対策基本法にもとづく警戒区域に指定された。住宅被害の有無にかかわらず、住民は立ち退き避難を余儀なくされた。警戒区域に住む人々のために1、４００戸あまりの応急仮設住宅が建設され、防災集団移転事業により集落を高台に移転させるという復興事業が実施された。この時、安全なまちとして地域を再建するため土地区画整理事業を用いて盛土の上にまちが再建された。１９９３年には北海道南西沖地震が発生し、奥尻島の復興事業では防潮堤の整備、集落の高台移転といった対策が講じられた。これら雲仙・奥尻の高台移転、盛土の上でのまちの再建は東日本大震災の復興事業の先駆けとなる。

１９９５年１月17日には住宅の倒壊により多くの死者を出した阪神・淡路大震災が発生した。

その後も新潟県中越地震（2004年）などの地震災害が発生し、2011年には死者・行方不明者が2万人を超えた東日本大震災が発生した。その後も地震災害、豪雨災害などの自然災害が頻発している。

科学技術で外力を制御できない以上、被害は発生する。発生した被害への対処を進めてきたのが平成の防災だった。阪神・淡路大震災では国の初動対応が遅れ、消防の相互応援、災害医療システムが機能しないという問題が発生した。その反省から国・地方自治体での災害対応機関の設置、緊急消防援助隊・DMAT（Disaster Medical Assistance Team、災害派遣医療チーム）などの組織整備が行われた。大災害時の避難所環境は大きく改善されていないが、仮住まいについては大きく変化している。雲仙普賢岳の噴火災害では建設現場などで利用されるプレファブ建築が中心だった応急仮設住宅から、民間賃貸住宅を利用する借上げ仮設（賃貸型応急仮設住宅）が中心となり、木造の応急仮設住宅も多く建設されるようになった。

今後起こるだろうと言われている南海トラフ地震や首都直下地震といった巨大災害の、直後の対応・応急対応をどうするのかという課題は残されたままであるが、平成の時代に防災対策は一定の改善が行われてきた。しかし、復興についての課題は残されている。東日本大震災後、復興に関する恒久法「大規模災害からの復興に関する法律」が2013年に制定されたが、一方、被災地では、まちは安全になったものの人の営みが戻らない問題が発生している。東日本大震災の復興は「近代復興」[2]と言われ、経済が成長し、人口が増加する昭和の時代につくられた制度を使って行われた。復興の問題は東日本大震災で新たに発見された課題ではない。本来は阪神・淡路大震災の大きな反省として検討される必要があったが、日本全体でその問題は共有されず、生活再建など一部の課題が政策化されただけであった。

平成時代に解決できなかった復興という課題に取り組むことが、令和時代の防災には求められている。今後の復興を考えるうえでの課題を思いつくままに挙げてみても、復興組織・体制は、東日本大震災のような復興庁方式か阪神・淡路大震災のような復興委員会方式か、復興を主導するのは国なのか地方なのか、現在の復興の予算は税金により賄われているが、NPO・NGO・民間企業・外国からの支援をもっと活用した方が良いのではないか、巨額の災害復興の財源をどうするのか、保険・民間債といった仕組みをさらに拡充する必要があるのではないか、個人が住宅再建できれば地域から人はいなくなっても良いのか、生活再建と地域の再建の関係をどのように捉えるか、産業と経済の再建を税金で支援する必要があるのか、などと枚挙にいとまがない。南海トラフ地震、首都直下地震、さらには気候変動の影響による災害の頻発が予想される令和の時代の新たな防災と復興を考えるために、まず平成の時代の復興の歴史を振り返ることから始めたい。

2 平成の災害復興を見る視点

ユニークな日本の復興制度

災害が発生すると海外から防災や復興に関わる研究者が調査にやってくる。被災地を案内する時に必ず出るのが、この道路を直すのか、この学校は再建するのか、壊れた防潮堤は修復するのかという質問である。この質問についての回答は、復興計画ができていない状況であっても、日本においてはつねに「YES」である。そして、次に来る質問は、もう復興計画はできたのか、なぜ復興計画もできていないのにそんなことが言えるのだ、ということになる。日本には災害対策基本法という法律があり、被災した施設は復旧すると法律で規定している（87条）と答え、さらにダメ押しで、日本は災害が多い国であり、その経験から災害復旧まで含めた防災の仕組みがあり、復旧予算も制度化されている（激甚法）ので復興計画を策定しなくても元に戻すことができるのだと、筆者は答えることにしている。質問した人は、不思議そうな顔をしたり、日本はすごいと言ったりするが、世界的に見ると、日本はかなりユニークな仕組みを持った国である。他国では被災後に復興計画を策定し、復旧・新設する施設、そのための予算を定めて復旧・復興を進めるのが一般的である。

日本の災害対策基本法が規定する復旧は、災害前の姿に戻す原形復旧が基本となるが、被災した場所に防災対策が施され、施設が更新されることで、実際は、まちは災害に対して強くなる。このようにして日本では災害を経験するたびに、2015（平成27）年に仙台で開催された国連防災会議で議論されたBuild Back Better（より良い復興）が実現されていく。災害復旧工事は、国のお金を地方にまわし、さらには地域の雇用確保のためにも貢献していた。この「被災した公共の施設を元に戻す」という仕組みは東日本大震災にも適用され、道路・住宅地・防潮堤といった「都市」施設は、そこに人が住むかどうかは関係なく約10年で再建された[3]。

原形復旧の課題

このようにまちは物理的に再建されるが、その一方でまちのにぎわいが戻らないという問題が阪神・淡路大震災以降、発生している。東日本大震災では、津波によって被災した場所に盛土を行い再建した場所で空き地が目立つ。元の所有者に土地を戻すという土地区画整理事業の仕組み上、災害前に「空き家」だったところは、「空き地」となる。被災地の空き家率[4]は岩手県16・1パーセント、宮城県11・9パーセント（平成30年住宅・土地統計調査結果）であり、土地区画整理事業を行った結果、人が住んでいなかった「空き家」が顕在化することとなった。また早く再建したい、つらい経験をした場所を離れたい、といった理由で、別の場所に住宅を確保する人も多く、造成地の半分以上が空き地という地区も発生している[5]。

高台や内陸の安全な場所に新たに住宅地を建設する防災集団移転促進事業の場合は、希望数に応じて宅地を造成するので空き地の割合は低い。しかし、移転の対象はあくまで住宅であり、移転地に商店やにぎわいを創出するような施設はない。昭和三陸津波（１９３３年）の復興でも高台移転が行われたが、「敷地の中心には部落民交歓の用に供す可く、小広場を設け、之に接して集会所、共同浴場等を設く」[6]とまちの営みのための施設も同時に建設された。現代の復興における土地区画整理事業の場合、商店街も含め元のまちが再建されるのだが、すでにシャッター通り化していた商店街ににぎわいを取り戻すことは難しく、「都市」は再建されたが、まちのにぎわい、そこでの「生活の営み」が再建されないことが問題となった。まちのにぎわいづくりは阪神・淡路大震災以来の課題であり、東日本大震災の復興では、新たに設けられた津波復興拠点整備事業を利用し、まちの生活施設をも公的な資金で再建しにぎわいを取り戻す中心市街地活性化の取組みが進められた。これまでの復興事業は、物理的な「都市」の再建を主眼としてきたが、いかに「生活の営み」を取り戻すのかが、復興の新たな課題となっている。

生活再建とまちの再建のギャップ

土地区画整理や防災集団移転といった復興事業に参画しなかった人は、自分で土地や住宅を探して自宅を再建する。元の場所にこだわらず、別のところに住まいと生活拠点を移せば、長く時間がかかる復興事業の完成を待つ必要がなく、比較的迅速に生活を再建することができる。復興事業に参加せず、別の場所で住宅再建を行った人の生活復興感は高い。復興事業の仕組みが悪いことが生活復興感を下げるのではないが、生活復興の能力が高い人が、地域を離れ、自力再建を行っている現実がある7。現在の住宅の再建に関わる支援制度は、地域の再建に関係なく、個々人の住宅再建を支援するものだが、住宅再建支援を、地域の再建と組み合わせた事例も海外にはある。米国ニューオリンズ市域の8割が水没するという大きな被害が発生したハリケーン・カトリーナ（2005年）では、Road Homeという住宅再建支援プログラム8が設けられたが、州内で再建する場合と州外に出る場合とで支援額に差が設けられた。日本の場合は、どこに住宅を再建するのかは関係なく、最大で300万円の被災者生活再建支援制度の支援金が給付される。

東日本大震災で大規模な津波災害を被った宮城県石巻市の雄勝《おがつ》地区では、内陸の利便性が高い場所に建設された防災集団移転促進事業による住宅団地と、2005（平成17）年の広域合併後の石巻市中心部に多くの人が移転し、9割近い世帯が元の場所を離れることとなった。雄勝の事例は極端だが、復興事業を行い安全なまちが再建された地域で、多くの人が元の場所を離れて生活再建を行っている。東日本大震災の復興を支えた現在の復興まちづくり事業の仕組みは、道路・宅地・公営住宅をつくるものであり、公的資金で支えられている被災者生活再建支援制度の支援金や地震保険による住宅再建の仕組みとは基本的にはリンクしておらず、さらに企業・商店などの再建は別の仕組みで行われる。復興事業の実施において、個々人の再建とまちの再建の関係をどう考えるのかは重要な課題である。

3 復興の移り変わり——基盤整備から安全、開発、生活再建、そして生業[9]

国土開発時代の復興

都市基盤の整備状況、経済成長・人口増加といった社会状況、被害の状況、そして地震・洪水・高潮といった災害の種類によって復興のあり方は変化する。

関東大震災（1923年）の復興は、後藤新平が『帝都復興ノ議』で「理想的帝都建設ノ為真ニ絶好ノ機会ナリ。此ノ機ニ際シ宜シク一大英断ヲ以テ帝都建設ノ大策ヲ確立シ之カ実現ヲ期セサルヘカラス」と著したように、復興を、東京を近代化する機会としてとらえ、土地区画整理事業による街路の敷設、主要幹線道路網、港湾といった都市基盤が整備された。また同潤会アパート、復興小学校といった鉄筋コンクリートを使った新たな建築形式への挑戦が行われた。復興＝都市計画という考え方は、第2次世界大戦後の戦災復興に引き継がれ、多くの都市で戦災復興土地区画整理が行われ、都市の近代化に貢献した。

第2次世界大戦後から1950年代にかけては、枕崎台風（1945年）、カスリーン台風（1947年）、西日本水害と紀州大水害というふたつの豪雨災害[10]（1953年）、洞爺丸台風（1954年）、狩野川台風（1958年）、先述の伊勢湾台風（1959年）と死者が1千人を超える高潮・洪水災害が頻発した。河川・海岸防災が重要な課題となり、先述の災害対策基本法が制定されるとともに、水害を防ぐための防災対策が計画的に推進される。

伊勢湾台風以降、水害は減少するが1964（昭和39）年に新潟地震が発生する。液状化被害が注目されるとともに、住宅地震保険制度が創設される契機となった。新潟地震では、復興まちづくり事業として土地区画整理事業、新市街地の開発、防災建築街区の造成（現在の再開発事業に相当）が行われた。伊勢湾台風や新潟地震の復興の時期は、「全国総合開発計画」（1962年）が開始されるなど、日本各地で開発が進んだ時代だった。こうした社会状況を反映するように、復興計画にも、防災対策に加えて「中部経済圏の将来発展」（伊勢湾台風・愛知県）、「将来の発展の基盤を確立」（新潟県）といった地域開発に関する内容が記載される。堤防建設といった被害抑止対策と開発を中心とした復興計画が1960年代の特徴である。

住民中心の復興へ

1970年代は比較的災害が少ない時期だったが、1976（昭和51）年に酒田大火（山形県）が発生する。2016（平成28）年に発生した新潟県糸魚川《いといがわ》市での大規模火災の消失面積は4ヘクタールだが、酒田大火では22・5ヘクタールの地域が焼失した。迅速に復興を行うことが重視され、出火翌日には建設省（当時）の職員が酒田に到着し、2日後から復興都市計画の検討が開始され、3日後には原案が完成した。この迅速な復興計画の策定は20年後、阪神・淡路大震災の復興都市計画のモデルとなった。1968年に都市計画決定の手続きに住民参加を導入する都市計画法が制定され、酒田大火の復興では、住民説明会の実施や復興ニュースの発行など、住民に対する情報提供が熱心に行われた。１９８０年代になると、都市・地域に加えて、被災した個々人の生活再建が課題となる。三宅島噴火災害（１９８３年）の復興計画には「生活再建」という言葉が記載され11、平成の時代の復興の課題であった、被災した人の生活再建という課題への取組みが始まる。

現在の復興で課題となっているのは「にぎわい」の創出であるが、関東大震災以来の災害復興＝都市基盤整備というイメージは現在も根強く残っており、災害が起こると、こうすれば安全なまちになるというデザインを提示する専門家もいる。しかし、復興デザインのカギは住民の納得である。先述のハリケーン・カトリーナの復興では、最初にニューオリンズ市長が提示し、大きな批判を受けた計画と、市民参加による長い合意形成のプロセスを経て構築された計画のデザインはほとんど同じだった。社会状況の変化にともない、復興の課題も都市基盤整備から個々人の生活再建へと変化し、デザインの方法も、専門家がトップダウンで行うスタイルから、みんなで議論をして決めていくといったボトムアップの方法に変化している。

4 3つの視点——復興の重心・ユニット・費用負担

にぎわいの復興に向けて

都市基盤施設の再建・整備から生活再建、にぎわいの創出へと復興の重心が変化していくのにともない、誰が復興のための費用を負担するのかということが問題となってきた。防災学者の林春男は、震災復興の最終目標は個々人の生活再建であり、インフラ・まち・住まいの再建に加えて、経済の再建が不可欠であると言う12。阪神・淡路大震災の復興では、インフラ・まちの再建は公的に行われたが、個人財産である住まいの再建に対して支援がないことが課題となり、被災者生活再建支援法（1998年）が制定された。一方、経済については基金の運用益（利子）を財源とする復興基金を利用し、利子補給も含め、民間企業を支援するためのさまざまな対策が実施された。しかし、当時の民間企業はまだ「支援をする対象」という位置づけに留まっていた。その後、人口減少・少子高齢化社会を見据え、地域活性化のための取組みが官民連携で進められる中で、阪神・淡路大震災の時には存在しなかった、まちづくり株式会社（TMO、Town Management Office）、BID（Business Improvement District）といった組織がつくられ、官と民が対等なパートナーとしてまちづくり、にぎわいづくりを行う仕組みが整備されていった。

東日本大震災では生活の場・仕事の場である「地域」全体が被災した。人々が活動し、にぎわいのある「地域」の再建が重要な課題となった。阪神・淡路大震災以降、整備されていった官民連携の仕組みを活用し、生活の場であるまちのにぎわいを取り戻すための復興が行われた。

さらに、中小企業がグループを構成し再建する場合、設備・建物の費用まで補助する「中小企業等グループ施設等復旧補助事業」(グループ補助金)が創設された。

復興予算という難題

阪神・淡路大震災以降、民間企業は「支援対象」から「地域の担い手」「連携するパートナー」へと位置づけが変化した。さらに東日本大震災以降、個人に加えて「地域の担い手」として企業が公的な支援の対象となった。支援があることは良いことだが、将来想定される巨大災害の復興において、東日本大震災や熊本地震(2016年)と同様の民間企業の支援、個人に対する生活再建支援は困難であると考える。あまり知られていないが、阪神・淡路大震災と東日本大震災の直接被害額はそれぞれ10兆円、16兆円であり、それほど大きく異なるものではないが、南海トラフ地震・首都直下地震で想定される被害は桁違いに大きい13。将来想定される巨大地震の復興の際の予算をどう確保するのかが問題となる。世界的に見るとNPOやNGO、さらには保険制度も含め、「私」が復興費用を負担する事例も多い。たとえば先述のハリケーン・カトリーナの復興では、民間の財団が復興予算を負担している。個人財産である住宅、企業の設備や建物の再建を公的資金で支援するのは、災害前に防災対策を実施し、被害が小さかったが支援を受けられないというモラルハザードが発生する。

　これまで見てきたように、復興の重心が、都市基盤から個人の生活再建、まちのにぎわいづくりと変化する中でふたつの課題が浮かび上がってきた。「復興を考えるユニット」と「復興の費用負担」である。「個」と「地域」（ユニット）、「私」と「公」（費用負担）というふたつの軸を設定すると、昭和の時代に定型化された「地域」「公」＝道路・公園・上下水道、「個」「公」＝公営住宅、そして阪神・淡路大震災以降、平成の時代に拡充された「個」「私」＝生活・住まいの再建（生活再建支援法）、そして東日本大震災以降に重点化された「地域」「私」＝地域の生業（グループ補助金）という4象限にこれまでの復興の取組みを分類することができる図1。

　昭和の時代に定式化された復興の仕組みは「政

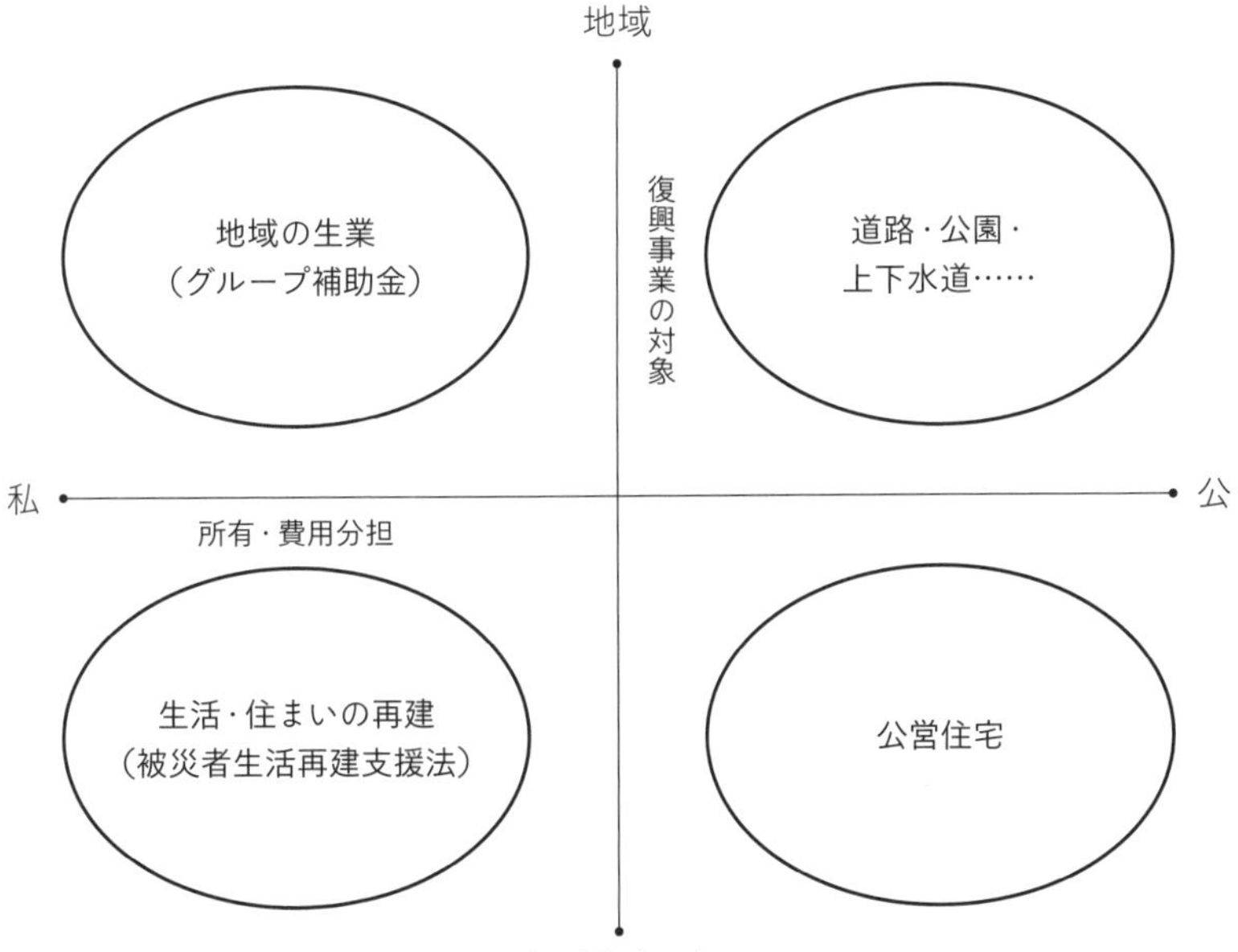

図1　復興を見る視点（筆者作成）

府・官僚主導型で、開発を前提とし、迅速性をよしとする。／被災地には現状凍結（モラトリアム）を要請し、基盤（インフラ）整備を優先する。／政府が提供する仮設住宅、そして復興住宅へという単線型プロセスが用意される。／政府の（補助金付）事業メニューは標準型であり、しばしば事業ありき、の発想となる。／わが国では1961年の災害対策基本法の制定によって枠組みが整えられ、阪神・淡路大震災までに完成した体制である」14とされる「近代復興」と呼ばれる枠組みが第1象限、第4象限に分類される。そして、阪神・淡路大震災では住宅再建支援がないことが課題となって取り組まれることとなった生活再建支援が第3象限、安定成長・人口減少社会における復興の中で課題となって東日本大震災で重点的に取り組まれたにぎわいの再生、そのための生業の再建支援という課題が第2象限に分類される。

この本では、〈地域と個（ユニット）〉／〈私と公（費用負担）〉というふたつの軸を手がかりに、平成時代の災害復興の変遷を見ていきたい。しかし、これまでの復興を見ると「公」と「私」の分類はそれほど単純ではなく、まちづくり株式会社のように「公」と「私」の境界領域に位置する組織も存在する。「公」と「私」で簡単に割り切れないこうした存在も、新たな復興の担い手として重要な役割を果たしている。本書では4つの象限ごとに平成の復興の歴史を見ていく。そして、平成の復興の取組みを踏まえ、気候変動の影響を受けて災害が頻発し、南海トラフ地震・首都直下地震という巨大災害の発生が懸念される令和の復興のあり方について、復興の担い手、復興支援の対象、そして復興施策のあり方という観点から考える。

注

1　黒沢大陸「平成は「大災害の時代」だったのか――被害と危機が強調される理由」『論座』https://webronza.asahi.com/science/articles/2019042600002.html〔2019年5月6日閲覧〕

2　中島直人「「近代復興」とは何か」『建築雑誌』（128巻、1642号、2013年）所収、12ページ

3　復興庁「復興の現状と今後の取組」（2021年12月）

4　住宅が建たない空き地が残り、まちのにぎわいは戻っておらず「まち」としての復興は果たされていないと言われる。「都市」は再建されたが、そこでの「生活」は再建されていないことが問題となる。

5　東日本大震災による津波被害からの市街地復興事業検証委員会「東日本大震災による津波被害からの市街地復興事業検証委員会　とりまとめ」（国土交通省、2021年3月31日）、15ページ

6　内務大臣官房都市計画課「三陸津浪に因る被害町村の復興計画報告」（内務大臣官房都市計画課、1934年）、43ページ

7　滝井裕樹、立木茂雄、川見文紀、藤本慎也、牧紀男「住宅再建方法が生活復興感に与える影響について――2014・2015・2016・2017・2020年名取市現況調査パネル・データをもとに」『地域安全学会論文集』（40号、電子ジャーナル論文）所収、2022年

8　住宅再建のための費用を最大で15万ドル支援するプログラム。ハリケーン・カトリーナ災害では想定を超えた地域まで浸水範囲が広がり、洪水保険に入っていない世帯が多く被災したため創設された。洪水保険に入る必要がある地域で、保険未加入の場合は支援金額が減額される。また連邦政府による避難所、仮住まいの支援に利用した費用も支払い額に含まれる。

9　日本都市計画学会編『都市計画の構造転換――整・開・保からマネジメントまで』（鹿島出版会、2021年）

10　1953年6月25～29日の大雨（前線）により九州・四国・中国（とくに北九州）において被害が発生し、1、013人の死者を出した。また同年7月16～24日に発生した南紀豪雨では東北以西（とくに和歌山県）において大きな被害が発生し、1、124人の死者が出た（平成29年防災白書「我が国における昭和20年以降の主な自然災害の状況」）。

11　東京都三宅村「阿古地区復興計画基本調査報告書」（三宅村、1984年）

12　林春男『いのちを守る地震防災学』（岩波書店、2003年）

13　牧紀男「南海トラフ地震に係る被害想定リスクが高い地域等における事前防災まちづくり」『都市計画』（70巻、2号、2021年）所収、76～79ページ

14　中島直人「「近代復興」とは何か」『建築雑誌』（128巻、1642号、2013年）所収、12ページ

野田北部地区の仮設店舗（筆者撮影）

第2章　安全なまちをつくる

基盤整備と災害復興

日本では「二度と同じ被害を繰り返さない」ことが復興の第一目標となる。そのため、復興のまちづくりでは、延焼火災が発生しないまちをつくる、堤防を整備する、安全な場所にまちを再建するといった対策が講じられる。安全なまちをつくる主体は行政であり、本章が扱う復興は、第1章で示した復興の枠組みで言うと「地域」「公」という第1象限となる（27ページ）。

2015（平成27）年に仙台で開催された国連防災会議においてBuild Back Betterということが提唱されたように、より安全なまちとして再建することは日本の復興の一丁目一番地である。

平成の復興は、雲仙普賢岳の噴火災害（1991年）、津波による大きな被害が発生した北海道南西沖地震（1993年）といった、伝統的な災害の原因である地震・火災とは異なるハザードへの対処から始まる。

日本の復興まちづくりの仕組みは、道路・公園を整備し、火災に対して安全なまちをつくる手段として発展してきた。そのため、津波・土砂災害といった災害に対して安全な場所に移転するための仕組み（防災集団移転）を除くと、土地区画整理事業・市街地再開発事業といった火災に対して安全なまちをつくる方法以外に、法的拘束力を持ってまちをつくる仕組みは存在しない。雲仙普賢岳の噴火災害と北海道南西沖地震では対象とするハザードは異なるが、長期にわたって土石流が発生する火山災害および津波災害から安全なまちを元の場所に再建する手段として土地区画整理事業が利用された。土地区画整理事業では、造成のために盛土を行うことが可能であり、火災に対して安全なまちをつくるという目的ではなく、盛土の上にまちをつくる手段として、この事業が利用された。

そして1995年には阪神・淡路大震災が発生する。地震の揺れによる建物被害に加えて、戦災復興の際に土地区画整理事業を実施していなかった地域で延焼火災が発生し、火災に対して安全なまちをつくる伝統的な復興事業が行われた。火災による被害が発生していない地域、基盤整備が完了している地域においても地震の揺れによる被害が発生し、こうした地域での再建が、平成の時代の新たな復興課題となった。さらに東日本大震災（2011年）では津波に対して安全なまちをつくることが課題となった。火災に対して安全なまちをつくる手法だけでは解決できない課題が平成の復興では生まれることとなるが、まずは火災に対して安全なまちを再建するための動きから見ていくこととする。

1 昭和の時代の復興――「黒地地区」

戦後の都市防災を知る

1995（平成7）年1月17日午前5時46分、明石海峡付近を震央とするマグニチュード7・3の地震により阪神・淡路大震災が引き起こされた。阪神・淡路大震災では、主として建物の倒壊により6、434人もの死者が発生した。1千人以上の死者が発生する地震災害は、福井地震（1948年）以来である。早朝に発生した地震のため多くの人が自宅におり、耐震性の低い建物が地震の揺れにより倒壊することで人的被害が発生した。建物の下敷きになり呼吸ができなくなることによる窒息が死亡原因[1]の1位となっている。

二度と同じ被害を起こさないためには建物の耐震性を高めることが求められた。さまざまな被害に加えて、大規模災害を長く経験していなかったことから初動対応、避難所の設置、物資の供給といった応急対応、さらにはその後の仮住まい支援、そして個々の住宅再建といったことも課題となった。火災も285件発生しており、焼失面積は70ヘクタールにおよぶ。「消防白書」[2]における大火の定義は建物の焼損面積1万坪以上（3・3ヘクタール）の火災とされ、阪神・淡路大震災では6件の延焼火災が大火となっている。倉庫・工場の火災を除くと昭和の時代に発生した酒田大火（1976年）以来、大火の定義に当てはまる都市火災は発生していない。

先述のとおり、阪神・淡路大震災の復興は、迅速に都市計画決定を行う酒田大火の復興がモデルとして利用された。災害直後にはさまざまな新しい意欲的なアイデアが提案されるが、実際の復興に使われるのは災害前に使われていた仕組みである[3]。震災復興を進める中で新たな仕組みも生まれてくるが、その仕組みが活用されるのには時間がかかる。阪神・淡路大震災で被災したまちを安全にするための再建の取組みは、戦後の都市防災・復興で使われてきた仕組みを用いて実施された。そういった意味で、阪神・淡路大震災の都市復興は戦後の都市防災・

復興の集大成ということができる。

したがって阪神・淡路大震災の火災被害からの復興を理解するためには、第2次世界大戦後の都市防災の対策を知る必要がある。戦後の都市防災は1945（昭和20）年12月に閣議決定された「戦災地復興計画基本方針」の復興目標として「都市聚落ノ能率、保健及防災ヲ主眼トシテ決定セラルベク」[4]と記載されるように戦災復興に始まる。戦災復興にともなう土地区画整理事業により、道路の拡幅と公園の整備が行われ、空襲で焼けたまちが火災に強いまちとして再建されていった。自然災害からの復興についても戦災復興・高度経済成長という社会情勢を反映し、1960年代までの都市復興は、新潟地震（1964年）で触れたように都市のハード整備が復興事業の中心であった。

火災に強いまちをつくる方法として、土地区画整理事業により道路・公園を整備することに加え、1階が商店、2階以上を住宅とする鉄筋コンクリート造のような不燃建築物を建設する「防火建築帯」事業や、東京の白鬚東地区（墨田区）の再開発事業（1969〜86年）に代表されるような延焼防止のための不燃建築の壁も建設された図1。

阪神・淡路大震災発生時の歴史的背景

1970年代になると現行の都市計画法制定（1968年）を踏まえ、都市計画に住民参加の流れが生まれる。1976（昭和51）年の酒田大火では、住民説明会の開催や復興ニュースの発行など、計画を進めるにあたり丁寧な住民説明が行われるようになり、住民の意見を反映し、一部計画の変更も行われた。一方、復興のスピードが重視され、10ヵ月で仮換地指定が完了している。

土地区画整理事業や市街地再開発事業のような、道路や空地を整備し延焼を防止するための対策と並行して、１９８０年代からは住民主体でまちの防災性能を高める防災まちづくりも東京都で進められるようになる。「防災生活圏構想」[5]（１９８１年）にもとづき道路の整備や住宅の建替えを、時間をかけて住民主体で進めていく住民参加型の防災まちづくりが行われる。

東京都の防災まちづくりは当初、延焼遮断帯の整備が中心であったが、１９８５年からは一寺言問（墨田区）、林試の森周辺地区（目黒区・品川区）、関原地区（足立区）をモデル地区として住民参加型での防災まちづくりが進められていく。日本全

図1　横浜市の再開発事業で建設された延焼防止のための不燃建築（筆者撮影）

国に常備消防が整備され、平常時には大火が発生しなくなっており、実際に酒田大火以降、地震時以外、大火は発生していない。懸念されるのは地震時の大火であるが、戦後日本は地震の平穏期であり、関東大震災の経験を持つ東京では地震火災対策に熱心に取り組まれたが、それ以外の地域では、東海地震が懸念された静岡県を除いて、現在と異なり防災に対する取組みは低調であった。こうした状況の中で阪神・淡路大震災は発生した。

阪神・淡路大震災の復興は、酒田大火と同様、迅速に行うことが目標とされ、建築基準法で定められている、被災市街地における建築制限（第84条）の期限となる2ヵ月で都市計画決定を行うというスピードで復興都市計画の策定が行われた。ただし、この2ヵ月で決定されたのは事業区域・幹線道路などの都市計画の骨格である。東京で積極的に行われた住民参加型での防災まちづくりの流れもあり、地区内道路などの詳細な計画については住民の意見も踏まえて決定することとなり、この方式は後に「二段階都市計画」と呼ばれた。

復興に向けた3つのカテゴリー

阪神・淡路大震災で火災による面的な被害が発生し、中でも大きな被害を受けた地域は、戦災復興土地区画整理事業が未実施となっていた。こうした地域では古い建物が密集し、延焼を防ぐ道路や公園が整備されていないため、一旦火災が発生すると延焼範囲が大きくなる。地震から2日後（19日）までに発生した建物火災は235件であり、多くの場所で同時に火災が発生したこと、地震の揺れによる水道管の被災などで消防水利を得ることができず、十分な消火活動ができなかったことが災いし、延焼が拡大した。阪神・淡路大震災では1万平方メートル以上延焼した火災が14件、1千〜1万平方メートル延焼した火災が36件[6]発生した。密集市街地を、安全なまちとして再建するためには延焼火災の焼け止まりとなる道路・公園といった基盤整備が必要であり、大きな被害を受けた地域ではその後、市街地再開発事業、土地区画整理事業による復興が進められていった。

とはいえ、延焼火災で地域全体が被災した地域は一部である。地震動により建物被害が多く発生した地域、まとまった被害はなくとも古い住宅に被害が出た地域と、地域によって被害の様相はまだらであった。地域の被害状況、基盤整備の状況、復興事業を進める際の地域のまとまりといった状況を踏まえ、どのような復興事業を行うのかが、震災から2ヵ月程度の期間で県・市町によりそれぞれ決定されていった。

阪神・淡路大震災の復興では、復興事業の種類によって「黒地地区」「白地地域」「灰色地域」といった呼び方がされる。これは神戸市の「震災復興まちづくりニュース」に掲載された白黒の図に由来する。建築制限区域は黒塗り図2（黒地地区、震災復興まちづくりニュース第1号、1995年2月5日）、「震災復興促進区域」は色塗りなしの枠囲み図3（白地地域、同ニュース第2号、同年2月19日）、「重点復興促進区域」（灰色地域、同第4号、同年3月21日）は灰色の網掛け図4で示したことによる[7]。白地地域の中に灰色地域・黒地地区があり、灰色地域の中に黒地地区があると

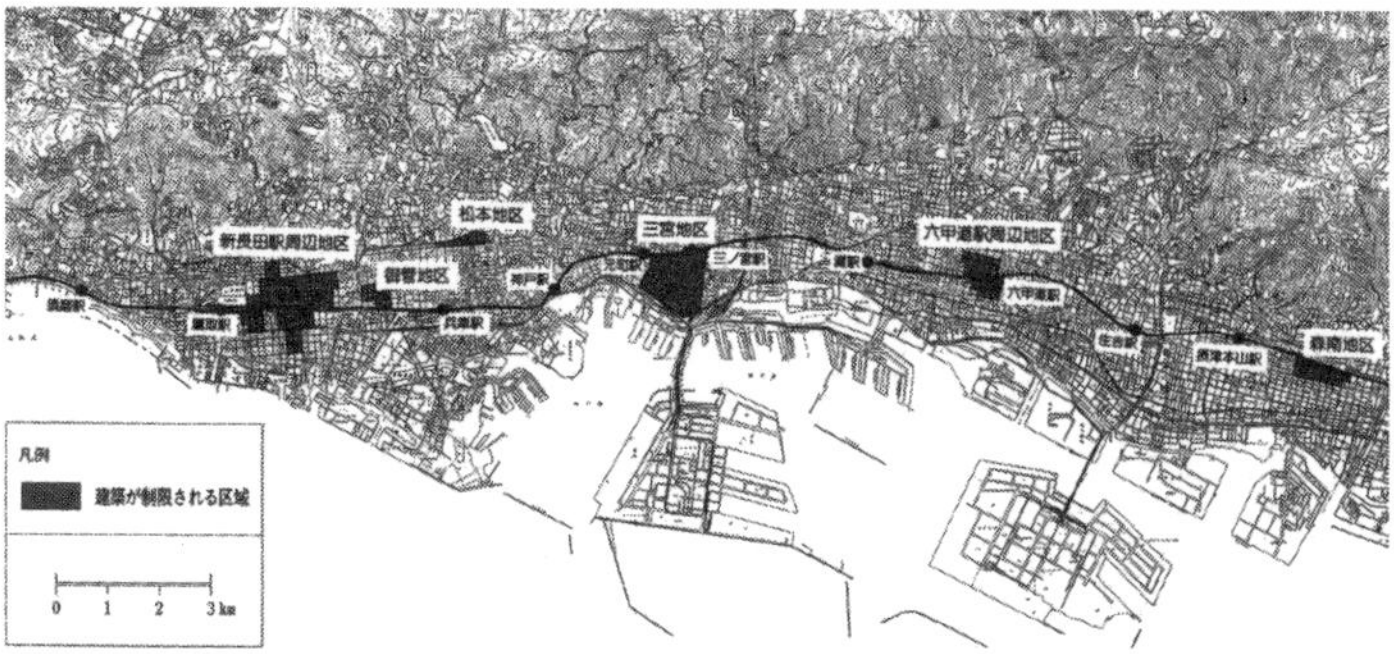

図2　阪神淡路大震災による建築制限区域
（黒地地区、神戸市住宅局・都市計画局、震災復興まちづくりニュース［第1号］、1995年2月5日）

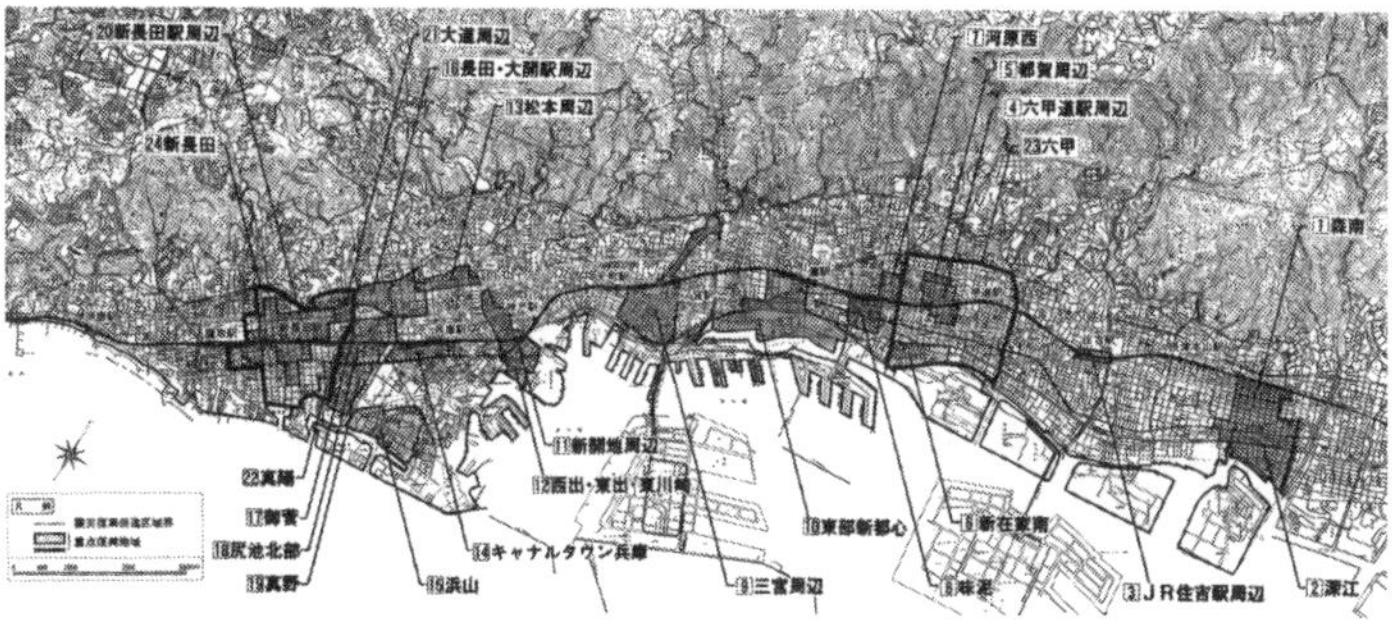

図3　同震災復興促進区域
（白地地域、神戸市住宅局・都市計画局、震災復興まちづくりニュース［第2号］、1995年2月19日）

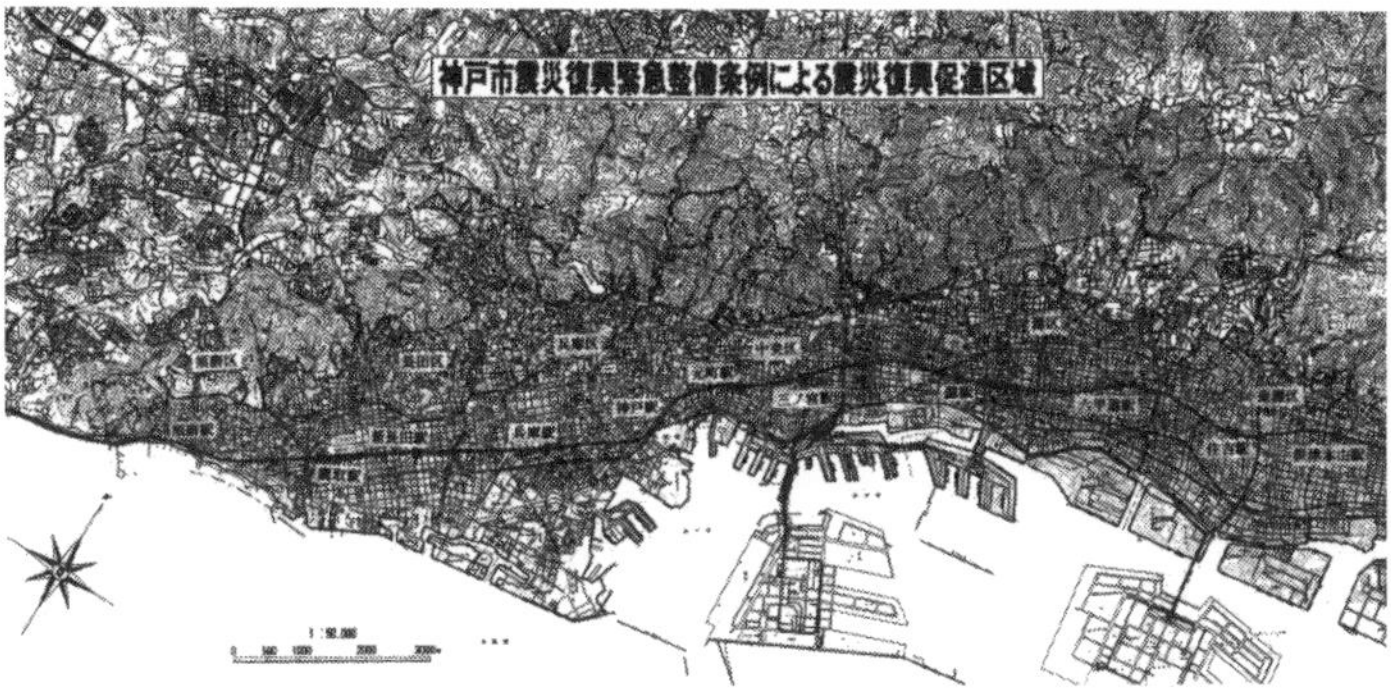

図4　同重点復興促進区域
（灰色地域、神戸市住宅局・都市計画局、震災復興まちづくりニュース［第4号］、1995年3月21日）

いう構造となっている。

「黒地地区」は建物を不燃化する、道路・公園を整備し延焼火災を防止するという伝統的な手法により復興まちづくりを行うため、土地区画整理事業・市街地再開発事業といった法律で定められた事業が行われる地域である。「灰色地域」は行政の事業を利用するが、住宅市街地総合整備事業や地区計画の設定といった住民が任意で進める事業が行われる地域である。「白地地域」は神戸市が震災後制定した「神戸市震災復興緊急整備条例」により「震災復興促進区域」に指定された区域である。しかし、同区域では建築確認申請を出す前に建物の計画概要を届ける必要があり（2階建て以下の多くの建物は対象外）、地域がまとまって実施する復興事業についての特別な行政支援メニューが存在しない。

黒地地区の復興事業

神戸市の「黒地地区」では副都心の位置づけをもつＪＲ六甲道駅、新長田駅南の被災地域の一部で市街地再開発事業が実施され、また、延焼火災を含む大きな被害を受けた森南、六甲道（再開発地区以外）、松本、御蔵、新長田（再開発地区以外）、鷹取といった地域で土地区画整理事業が実施された。阪神・淡路大震災の復興は迅速に進めることを目標に実施され[8]、震災翌日の18日から被災調査が開始された。翌20日未明には被災状況図が完成。3～4日目（20～21日）に国土交通省との協議が行われ、被災状況の説明、がれき処理、復興まちづくりの基本的な考え方、土地区画整理事業・市街地再開発事業を実施する地区についての検討が行われた。2週間後までには土地区画整理事業、市街地再開発事業を実施する地域もほぼ確定し、2月1日に建築基準法84条による建築制限が行われている。また建築制限の期限となる2ヵ月後（3月17日）に都市計画決定が行われたが、他方、多くの人々が避難所での生活を続ける中で復興まちづくり計画が決定されたことで、計画に反対する多くの意見書が提出されるなどの混乱が見られた**9**。

都市計画決定は迅速に行われたが、土地区画整理事業・市街地再開発事業を行う範囲の地域では、一旦すべての建物を撤去、道路・公園の整備、その後、建物を建設という流れで事業が進められるため、復興完了までに長い時間が必要になる。最も早く事業が進んだ鷹取第一地区でも、事業計画認定までに10ヵ月（1995年11月）、事業完了後の各所有者の土地の位置が確定される仮換地までに1年7ヵ月（1996年8月）、事業完了までに約6年（2001年2月）がかかった。再開発ビルを建設する市街地再開発事業の場合は、より長い時間が必要となり、JR六甲道駅の事業でも9年、新長田駅南の事業は震災から27年が経過した2022（令和4）年現在も継続中である。事業完成までに長い時間が必要となることから、従前居住者が地域を離れてしまうという問題も発生する。新長田駅南の再開発事業の場合、元から住んでいた人の割合は6割程度である**10**。

市街地再開発事業では、ビルを建設することで土地の有効利用を行い、従前から住んでいた人のためのスペースに加え、新規に物販のためのスペース（保留床）を確保し、保留床を販売することでビルの建設費を確保する。土地区画整理事業の場合、道路拡幅・公園整備のために供出する減歩分は、環境整備にともなう地価の上昇により金銭的に相殺可能になるという論理にもとづき事業スキームが構築される。人口が増加し、経済が成長する時代であれば、こうした手法に問題はない。しかし、災害後、人口が回復した神戸市東部六甲道に位置する再開発についてては成長の時代の仕組みが上手く機能したが、人口が元に戻らない神戸市西部新長田駅南の再開発事業の場合、当初、購入する意向を示していた従前の土地所有者が、最終的に購入を撤回し、神戸市が建物の50パーセントを保有するという結果になっている**11**。

「黒地地区」での復興は復興まちづくりの中心のように見られるが、復興対象地域の3パーセントに留まっている。阪神・淡路大震災後、他地域での復興まちづくりの参考となるように、「黒地地区」の都市再建プロセスをまとめた都市復興マニュアルが作成されている。しかし、多くの日本の都市では戦災復興の中で都市計画事業が行われており、地域では土地区画整理事業・市街地再開発事業により基盤整備を行う必要はなく、法定都市計画事業による復興まちづくりは特殊事例となる。また神戸市西部のように人口減少傾向にあった地域では、地域の活性化や人口増にともなう地価の上昇、建物の売却などを前提とした事業については、この前提そのものが成立しないという課題も見えてきた。

近年の災害復興では計画策定に長い時間を要しているが、昭和の復興の伝統を引き継ぐ迅速な計画決定は重要である。まちの再建の姿が見えないと元の場所で再建しようと考えた人も地域を離れる決断をせざるを得なくなる。阪神・淡路大震災の復興計画は、2ヵ月という短期間での都市計画決定が混乱を招いたものの、震災直後から計画の検討を行い、2週間後には復興まちづくりの大枠を示した。迅速に復興計画を策定することを目的とした点は、その後の事前復興の考え方につながるものであり評価されるべきである。

2 平成の都市防災対策の先駆け——「灰色地域」

地域内での被害の違い

地域全体が壊滅的な被害を受けた阪神・淡路大震災の「黒地地区」では、土地区画整理事業・市街地再開発事業といった従来の火災に対して安全なまちをつくる手法でまち全体の復興が進められた。しかし、延焼火災の危険性がある密集市街地において、幸いなことに延焼火災が発生せず住宅が残った地域の復興をどう行うべきかが課題となり、こうした地域は「重点復興促進区域」に指定され、通称「灰色地域」と呼ばれた図5。

密集市街地で幸いにも延焼火災による被害を受けなかった地域に、神戸市西部に位置する長田区野田北部地区がある。同地区は、大正期の耕地整理による正方形のグリッドパターンに道路整備が行われ、その後、区画を分割して工場で働く人のための住宅地が形成された地域で、狭い路地と長屋が多く残されていた。阪神・淡路大震災前から、災害に対して強いまちをつくる取組みが進められ、地域内の公園整備などが行われてきたが、震災によって建物の倒壊に加え、延焼火災が発生した。しかし、延焼火災による被害を受けたのはおもに地区の東側であり、西側は震災前に整備された公園（大国公園）が焼け止まりとなり、以西への延焼被害は発生しなかった。東側は火災によりほぼすべての建物が焼失したのに対し、西側の被害が揺れによるものに限定され多くの住宅が残った。そのため、野田北部地区では東側と西側で地域の再建方法も異なることとなった。

問題となったのは住宅が残った西側の再建手法

図5　重点復興促進区域（灰色地域）に指定されたエリア（野田北部まちづくり協議会提供）

である。土地区画整理事業を行う場合、被災しなかった建物も撤去する必要がある。これを免れるために東側の焼失地区だけ土地区画整理事業を行うと、西側地域の延焼火災に対する危険性が解消されない。最終的には延焼火災の被害を受けた東側が「黒地地区」、延焼火災の被害を受けなかった西側が「灰色地域」として区別され、復興まちづくりが行われることとなった。「灰色地域」では「黒地地区」のような法律で定められた都市計画事業ではなく、一般的には任意事業と呼ばれる補助金などの制度を利用した復興事業が進められる。法律による強制力がないため、野田北部地区でも住民合意にもとづき徐々に事業が進んでいく仕組みで復興まちづくりが行われた。問題は、①狭小敷地でどのように住宅を再建するのか、②地域全体の延焼火災に対する安全性をどのように高めるのかということだった。「灰色地域」の再建を進めるためには、補助金なども利用し、このふたつの問題を上手く解決する方法が求められることとなった。

密集市街地での住宅再建手法

狭小敷地での再建は野田北部地区の「黒地地区」も共通の課題だった。「黒地地区」では、土地区画整理事業の道路・公園用地を捻出するために宅地の面積を一定の割合で供出する「減歩」が行われた。例えば、従前の敷地が10坪で減歩率が10パーセントの場合、敷地面積は9坪となる。しかし、9坪の土地に住宅を建設することは斜線制限・容積率の規制もあり難しい場合もある。そこで狭小敷地の住宅再建を行う手法として利用されたのが住宅の共同化（共同建替）である。敷地が狭い住宅所有者が土地を共有化し、そこに集合住宅を建設することで自宅の再建を行い、余剰の床については販売し、建設コストに充てるというような手法がとられた。「灰色地域」では減歩は行われないが、建築基準法の規定により住宅を再建する場合、道路中心線から2メートル後退（セットバック）する必要がある（道路幅員は4メートルとなる）。そのため「灰色地域」でも「黒地地区」と同様に狭い道路に面して建っていた住宅では自宅を再建すると住宅が小さくなったり、再建できなかったりすることが課題となった。

火災に対する安全性については、「黒地地区」では基本的に幅員6メートルの道路が整備されるが、「灰色地域」でそのまま再建を進めると道路幅員は4メートルとなる。災害前から地区全体で災害に対して安全なまちをつくるための取組みが進められてきたにもかかわらず、「灰色地域」では十分な安全性が確保できないことが課題となった。

こうしたふたつの課題を解決するために利用されたのが地区計画制度である。地区計画は、建築基準法にもとづき、計画対象地域について建築基準法上の特例を設けることを可能にする制度である。一般的には公的に資するための部分に規定（ムチ）を設けることで私的な部分の利用に緩和措置（アメ）がとられる。野田北部地区の場合は、道路幅を5メートルとするために2メートルのセットバックに加えて壁面線規制でさらに50センチ（道路中心線から計2・5メートルセットバック）を行い、準耐火建築物として火災に対する安全性を高めることを条件に、狭小敷地での住宅再建が可能になるように容積率アップや斜線制限の緩和を行い、十分な広さの住宅を再建することを可能にした。また一般的には、美しい景観と良好な居住環境整備を支援する仕組みである街なみ環境整備事業を用いて、住宅の解体支援を行うとともに、各街路の名称と道路中心線を示したプレートを設置し、レンガ舗装を行った道路整備が行われた。こうしてさまざまな制度を上手く組み合わせて、火災に対して安全なまちとして再建するような方策がとられた。

野田北部地区では地域の中で昭和の時代の伝統的な復興手法である土地区画整理事業（黒地地区）と、住民合意にもとづき徐々に火災に対して安全なまちに変えていく（灰色地域）というふたつの方法がとられた。とくに「灰色地域」の取組みは、１９８０年代から進められてきた防災における住民参加型のまちづくりの流れを汲むものであった。

密集市街地の防災対策

阪神・淡路大震災以降、国内各地で密集市街地の防災性能を高めることが求められるようになった。野田北部地区の「灰色地域」と同様、災害に備え、密集市街地対策が実施された。土地区画整理事業のように地域全体を一度に改良するのではなく、個々の住宅更新にあわせて生活道路の整備や住宅の除却といった取組みが、時間をかけて行われていった。延焼遮断帯となる大きな道路や公園整備が必要な地域では土地区画整理事業や道路整備事業が行われるが、それよりも規模の小さな地域の中の道路整備は建物の更新にあわせて国の補助金（住宅市街地総合整備事業（密集住宅市街地整備型））を利用し、順次道路用地を購入して建物解体が行われ、段階的に取組みが進められていった。他方、こうした整備には長い時間がかかり、密集市街地が解消されないことから、国は２０１２（平成24）年に「地震時等に著しく危険な密集市街地」を公表し、２０２０年までに解消するという目標を設定した。現在までに完全に解消することはできていないが、これに該当する市街地は６、０００ヘクタールから２、２２０ヘクタールへと大幅に減少している。

阪神・淡路大震災後、密集市街地の防災性能を高めることを目的とした法律（密集市街地における防災街区の整備の促進に関する法律）が１９９７年に制定され、火災に対して安全なまちをつくるために防災街区整備事業・防災街区整備地区計画といった新たな仕組みも整備された。防災街区整備事業は、道路・公園と建物の整備を一体として実施することを可能にするものであり、防災街区整備地区計画は、準防火地区においてそれまで対象外だった木造2階建て以下の建築物についても、準耐火建築物の規制の適用を可能とするものである。こうした仕組みにより、土地区画整理事業・市街地再開発事業の一体化や、2階建て住宅といった準耐火建築物への規制を行うことが可能になった。阪神・淡路大震災における「灰色地域」の取組みは、その後の密集市街地対策の先駆けとなるものだった。

3 令和の復興の先駆け――「白地地域」

魚崎地区の復興

神戸市の海側の地域は「震災復興促進区域」に指定され、その8割は「白地地域」と呼ばれた。「白地地域」においても地震の揺れにより大きな被害が発生している地域が存在する。火災による被害の大きさから、報道などでは長田区が注目されるが、むしろ地震の揺れが強かったのは大阪に近い東側の地域であり、とくに神戸市東灘区の海側に立地する魚崎地区では、地震の揺れにより半数以上の建物が半壊以上（建築学会調査の軽微な損傷以上）の被害12を受けた。しかし、神戸市の復興計画ではとくに重点的な事業は実施しない地区として「白地地域」に位置づけられた。

関東大震災以降、戦災、酒田大火、阪神・淡路大震災と続く復興都市計画で実現してきたのは火災に対して安全なまちをつくることであり、さらに阪神・淡路大震災以降、重点的に取り組まれることとなる密集市街地の対策も火災に対する安全性を高めることが目的だった。野田北部地区のような細い街路が残る密集市街地の場合は、土地区画整理事業、もしくは任意事業により道路を拡幅していくという、火災に対して安全を確保するためのまち全体で取り組むべき課題が存在した。しかし、戦災で被災し、地区の大半で戦災復興土地区画整理事業により基盤整備が行われていた魚崎地区では、地域全体を道路・公園整備といった都市計画的手法で再建する必要がなかった。「黒地地区」「灰色地域」という復興事業の指定基準は、昭和の時代から復興都市計画が実施してきたこと、すなわち道路・公園といった社会基盤の整備が必要かどうかということにあった。しかし、魚崎地区は面的に大きな被害を受けているが、基盤整備はほぼ完了していた。個々人が再建をしていけば良いという地区の状況は、これまでの復興まちづくり＝道路・公園整備という枠組みでは対応できない新たな事態だった。

魚崎地区の復興では幅員4メートル未満の道路に面している敷地も存在し、再建時にはセットバックする必要があるため、小敷地の場合、十分な広さを持つ住宅を建てられず、敷地の所有者を集め共同でマンションとして再建するような共同化が行われた。借地の上に建設されていた地域の小さな市場の再建[13]も「個々の」調整により行われ、たいへん複雑な権利関係の調整、土地所有者・行政・従前居住者などの合意形成から建物の設計までを弁護士などのさまざまな分野の専門家のチームが支援を行った。また、大きな敷地を持つ住宅では、従前居住者がひとりで住むのは心細いということで、元の敷地にグループホームを併設する共同住宅が建設された事例もある。1階部分は賃貸＋交流スペースを持つグループホーム、上階は元の住民の住居と分譲住宅となっており、この住宅の共有スペースはグループホームの食堂、デイケアセンターのスペースとして現在も利用されている。

このように被災地域の8割を占める「白地地域」では、「公」ではなく「私」が主体となり個別で住宅再建が進められた。敷地の条件から個別での再建が難しい場合や、地域の商業施設の再建の場合は、個々の権利者間の合意形成が必要となり、建築士や弁護士といった専門家が「私」間の調整に大きな役割を果たした。魚崎地区では「関西建築家ボランティア」（通称、関ボラ）が支援を行っており、災害直後のまちの課題調査に始まり、共同化（9ヵ所で行い、うち6ヵ所では被災した建物の再建も含むマンションの建設）[14]、地域の市場の再建、グループホームの建設支援を行っている。

「白地地域」は行政の支援がないことが問題視された。他方、「私」が主体となって、時には「私」が独自に「地域」の課題に取り組んだことはもっと見直されてよい。平成の復興では「公」が「私」を支援する方向で制度が整備されたが、「私」の力で「地域」の再建も含めて復興が進められた「白地地域」の実績はもっと評価されるべきであり、「令和」の復興のあり方を示唆していると考える。

4 土砂と津波に備える——雲仙普賢岳噴火災害、北海道南西沖地震、新潟県中越地震

災害の長期化と復興

平成になって発生した雲仙普賢岳噴火災害（1990年〜）、奥尻島が津波により大きな被害を受けた北海道南西沖地震（1993年）では、戦後日本が対象としてきた、火災に対して安全なまちをつくる災害復興とは異なる対応が求められた。

火山災害の特徴は、影響が長期間にわたって継続し、被害が確定しないことである。これは2011（平成23）年の東日本大震災にともなう原子力発電所事故と似ており（208ページ）、福島の場合は「冷温停止状態」になるまでに9ヵ月程度かかっている。その後、除染が行われ、ようやく復興への取組みが始まる。雲仙普賢岳の噴火災害15の場合、1990年に火山活動が始まり、1991年に大火砕流が発生。火砕流・土石流の被害を受ける地域に対して災害対策基本法にもとづく警戒区域の設定が行われ、区域内の立入りが規制される。警戒区域内に住んでいた人たちは、住宅被害の有無にかかわらず、避難所、さらに応急仮設住宅での生活を余儀なくされた。噴火活動はその後も継続し、火砕流や、堆積した火山噴出物が降雨時に流れ出す土石流の被害により被災エリアは拡大していった。大きな被害を受けた島原市と深江町、さらには長崎県の復興に向けた活動は被災状況が確定しない状況の中、1991年から進められ、1〜2年の間に取り組む「緊急構想」と、火山活動収束後も見据えた「長期構想」の2本立て

の計画策定が行われる。島原市の復興計画は被災地域がその後拡大したため、改訂されることとなった。福島の原発事故の冷温停止に対応する火山活動の停止宣言が出されるのは、火山活動開始から5年が経過した1995年3月のことである。長崎県は、1996年度を復興元年と位置づけ、復興計画の実行計画となる「島原地域再生行動計画（がまだす計画）」を策定する。

雲仙普賢岳噴火災害の復興

火山活動が続く中で策定された島原市の復興計画16は、生活再建、防災都市づくり、地域の活性化が3本柱となっている。防災都市づくりの主たる対象となったのは水無川下流に位置するかつて市街地だった安中《あんなか》地区である。この地区では堆積した火山灰が土石流となり、住宅が埋没する被害が発生した。火山活動は1995（平成7）年には収束し、噴火活動にともなう被害は発生していないが、山麓に堆積した火山噴出物が、雨が降るたびに流れ出てくる。そのため、元の場所にまちを再建するには、土石流を止める砂防えん堤、流れてきた土石流を河川内に留める導流堤の整備に加えて、土石流や水害から安全を守るために土地のかさ上げが必要となった。復興の過程では火山噴火にともない発生した大量の土砂の除去作業も行われることから、住民提案で現地再建の場所を土砂置き場とし、造成用の盛土としてこの土砂を再利用した。その場所を、土地区画整理事業を用いて宅地の整備を行うとともに、農地災害関連区画整備事業を用いて農地の復旧も行われた。盛土を行い安全なまちを再建するという安中地区での土地区画整理事業の仕組みは、東日本大震災の復興でも利用されることとなる。

安中地区は現地で盛土を行い再建されたが、別の安全な場所に集落を移転する復興も見られた。土石流の危険性が高い水無川流域・中尾川流域の集落に住む住民のための新たな住宅地の整備が、島原市東部の沿岸部も含めて検討され、水無川流域の住民には船泊《ふなどまり》・仁田《にた》の2団地が、中尾川流域の住民には宇土山《うとやま》団地が高台に建設された。高台の住宅地の整備は、災害危険区域から集落移転を支援する「防災集団移転促進事業」により行われた。また住宅団地に移転しない住民に対しては「がけ地近接等危険住宅移転事業」（以下、がけ近事業）を用いた、住宅取得・引越費用などの支援が行われた。こうした集落の整備に加えて、水無川下流域では土石流の流出に備えて国道の高架化が行われた。

この雲仙普賢岳の安全な場所で宅地を再建するための仕組みは、後述する東日本大震災の復興まちづくりも同じである。東日本大震災でも、都市部の再建は現地での盛土、漁業集落は防災集団移転事業を用いて整備された高台の団地に移転再建、また防災集団移転事業に参加しない人は「がけ近事業」を利用して、個別に災害危険区域から移転を行っている。

津波被害からの復興

北海道南西沖地震では、震源域から近い奥尻島で地震発生から数分後に津波が到達し、津波による被害に加えて、青苗地区では津波火災、奥尻地区では斜面崩壊が発生した。奥尻島は日本海中部地震（1983年）でも津波被害を受けており、北海道南西沖地震の復興においては津波から安全なまちをつくるための取組みが進められた。日本は津波にたびたび見舞われており、昭和の時代においても昭和三陸津波（1933年）、チリ地震津波（1960年）、日本海中部地震津波といった災害が発生している。津波から安全なまちをつくるための基本的な考え方は防潮堤の整備、高台移転、盛土の上に市街地を整備するというものであり、昭和三陸津波から変わっていない。

北海道南西沖地震における奥尻島の復興では、住宅があった集落に防潮堤が整備され、防潮堤の背後に盛土を行い、その上に集落が再建された。盛土の上の市街地整備は、漁港がある地区については水産庁の「漁業集落環境整備事業」（青苗地区の一部、稲穂地区）が適用されたが、漁港をもたない地区については水産業の事業を利用することができないため、町の独自予算による「まちづくり集落整備事業」を用いて実施された（初松前地区）。奥尻島では対象区域が都市計画区域ではなかったことから、雲仙普賢岳噴火災害や東日本大震災とは異なる手法で盛土が行われている。津波と火災により大きな被害を受けた青苗地区においては、防潮堤の建設、盛土、高台での宅地開発、人口地盤整備が、さまざまな事業制度を組み合わせて総合的に実施された。水産庁の事業はさまざまなかたちでの事業の実施が可能であり、旧市街地についてはこれを利用して盛土上の市街地整備、高台の宅地整備が行われた。岬に面した地区は、日本海中部地震でも被害を受けていることから「防災集団移転促進事業」により高台移転が行われた。

青苗漁港では人工地盤が建設され、安全に避難できるような整備が行われた。東日本大震災の復興では津波災害からの復興ということもあり、奥尻島の復興が参照されたが、「かさ上げする」「移転する」という対策は、土砂・津波というハザードの違いはあるものの、雲仙普賢岳と同じ復興の方法である。

土砂災害からの復興

新潟県中越地震（2004年）では、地震の揺れにより中山間地域で大規模な土砂災害が発生し、集落が孤立する被害が発生した。また、二次災害の危険もあったことから旧山古志村《やまこし》（現長岡市）では全村避難を行うことが決定され、当初は長岡市の避難所、その後、同市内に建設された応急仮設住宅で避難生活が行われた。仮復旧にも時間を要し、避難指示が解除され、住民が帰村できたのは2年半後（2007年4月）であった。旧山古志村に加えて、長期避難は実施されなかったが、小千谷市《おぢや》、旧川口町（現長岡市）の中山間地域でも同様の被害が発生した。

これらの市町村の土砂災害に対して安全なまちとして再建するという復興まちづくりの方向性は共通であったが、とられた対策は市町村ごとに異なる。山古志村では「帰ろう山古志へ」を合言葉に、元の山古志村の場所に集落を再建する方向で復興まちづくりが行われた。安全なまちとして再建するため、砂防ダムの建設、道路の付け替え、トンネル整備などの対策が実施されるとともに、「小規模住宅地区等改良事業」を用いて集落再建や、従前居住者が居住する公営住宅（改良住宅）の整備が行われた。集落再建は、基本的には元の場所で行われたが、土砂ダムにより集落が水没してしまった木籠《こごも》・楢木《ならのき》では近傍の土地を造成して新たに集落が建設された。元々小学校があった場所に新たに建設された楢木集落は眺望が良いことから「天空の郷」と名付けられた。崩れ落ちた土砂により土砂ダムが形成され、水没してしまった元の木籠の集落は震災遺構として保存され、見学者向けの物販交流施設が復興の一環として整備された。

一方、小千谷市の東山地区では、土砂災害の危険性が高い中山間地域を離れ、集落を平地へと移転するという対策が「防災集団移転促進事業」を用いて行われた。平地への移転は、世帯の希望に応じて実施されたことから、集落の中で残る世帯と転出する世帯に分かれた。「防災集団移転促進事業」を利用するためには、元の宅地は建築基準法39条にもとづく災害危険区域に指定する必要があり、本来は地域全体にかかるはずの災害危険区域が虫食い状に設定された。一方、全世帯が転出した集落も存在する。十二平《じゅうにだいら》地区では、元集落があった場所の整備を行い、元の家の場所に屋号を示す石碑を設置するとともに集落の記録誌**17**を発行している。移転元地は、建築基準法上の災害危険区域となり住むことはできないが、元の集落に農地は残っており、移転した世帯も元の集落に営農のために通っている。

十二平地区を含む6つの集落からの移転先となる宅地は、小千谷市の平野部2ヵ所に建設された。集落全体で移転することとなった十二平地区は三仏生《さんぶしょう》地区に建設された団地にまとまって移転し、それ以外の5つの集落（蘭木《うとぎ》・朝日《あさひ》・荷頃《にごろ》・首沢《つむりざわ》・塩谷《しおだに》）は千谷地区に建設された団地に移転するとともに、一部は三仏生の団地にも移転した。旧川口町（現長岡市）の小高地区でも小千谷市同様、防災集団移転促進事業を利用して平野部への移転が行われた。

元の場所に再建された旧山古志村と平野部に移転した小千谷市では、まったく異なる復興まちづくりの戦略がとられたが、復興事業完了時、元の場所に残った世帯数の割合を見るといずれも52パーセントと同じであり、集落整備といったハードな手法が復興に与える影響は限定的であることがわかる。震災前と6年後の状況18についても検証が行われており、小千谷市の東山地区では世帯数が半分、人口は47パーセント（全集落移転を行った十二平地区を除く）に減少し、旧山古志村と同様に小規模住宅地区等改良事業を行った集落が多い南平、東竹沢両地区でもまた人口は40パーセント、世帯数は45パーセントとなっている。元の集落に残るという戦略、安全なまちとして再建するために移転するといういずれの戦略を選択しても、人口が半分以下に減少してしまう新潟県中越地震の復興の現実は、人口減少社会における災害復興の姿を示すものだった。

5　防潮堤と津波浸水シミュレーション――東日本大震災

過去の仕組みを利用する

２０１１（平成23）年３月11日に発生した東日本大震災では２万人を超える人的被害、40万棟にも及ぶ建物が全壊または半壊被害を受けた。地震の揺れによる被害も発生したが、津波による被害が甚大であり、復興においては津波から安全なまちとして地域を再建することが何よりも優先された。百数十年に１回発生するような津波（レベル１＝Ｌ１）に対しては防潮堤で防ぐことで財産を守る、数百年から千年に１回発生するような津波（レベル２＝Ｌ２）に対しては、命を守るために住宅を浸水域に立地させない「土地利用規制」を行うという考え方で復興まちづくりが行われた。

これまでの日本の災害復興では「同じ被害は繰り返さない」ということを目標に復興まちづくりが行われてきたが、東日本大震災については「同じ被害は繰り返さない」というレベルの対策は居住地に限定されたことになる。住宅地を守る方法としては、沿岸に整備されたＬ１の津波を防ぐ防潮堤に加え、高盛土道路を整備し、二重に堤防を設ける二線堤を整備する、盛土の上に住宅地を建設する、内陸・高台に住宅地を建設するという方法がとられた図６。

安全な場所に整備される住宅地の建設は、基本的には過去の災害復興の仕組みが利用された。盛土については、雲仙普賢岳の安中地区と同様に土地区画整理事業を利用して実施された。沿岸部にあった住宅の内陸・高台への移転は、雲仙・奥尻・中越地震の復興においても利用された防災集団移転促進事業を用いて行われた。東日本大震災では内陸・高台の住宅地を土地区画整理事業で先行的に建設し、防災集団移転事業による移転先として利用した事例もある。

漁業集落は漁業と生活が一体として成立していることから、漁港・倉庫といった魚漁に利用する施設と住宅地を一体的に整備する必要がある。また水産庁が漁業集落整備のための独自の補助事業を持っていることから、漁業集落は奥尻島の復興でも利用された水産庁の事業（東日本大震災の復興においては「漁業集落防災機能強化事業（漁集）」により再建が進められた。防災集団移転促進事業を組み合わせて高台移転が行われ、盛土の上の住宅地が整備された。

高台移転・職住分離イメージ

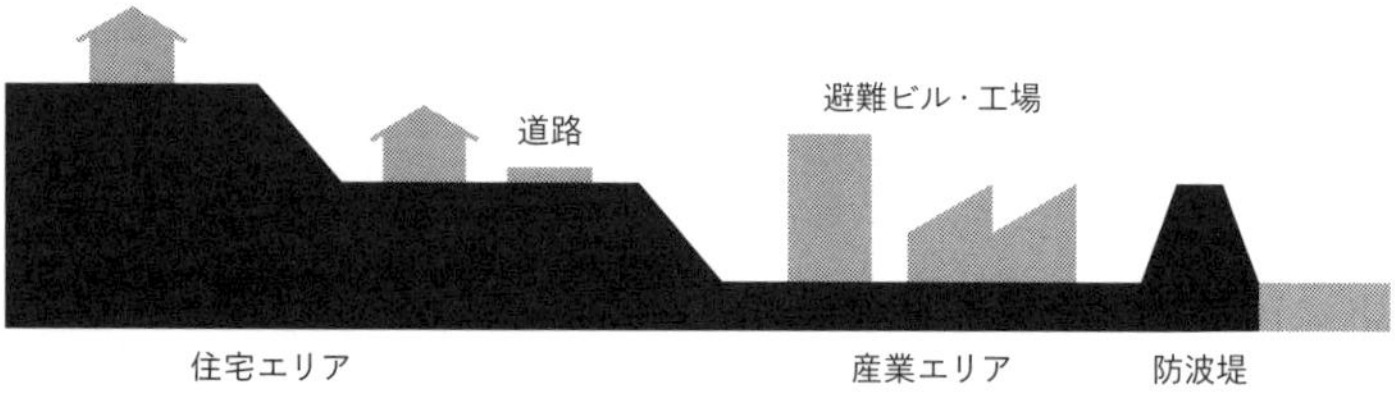

多重防御イメージ

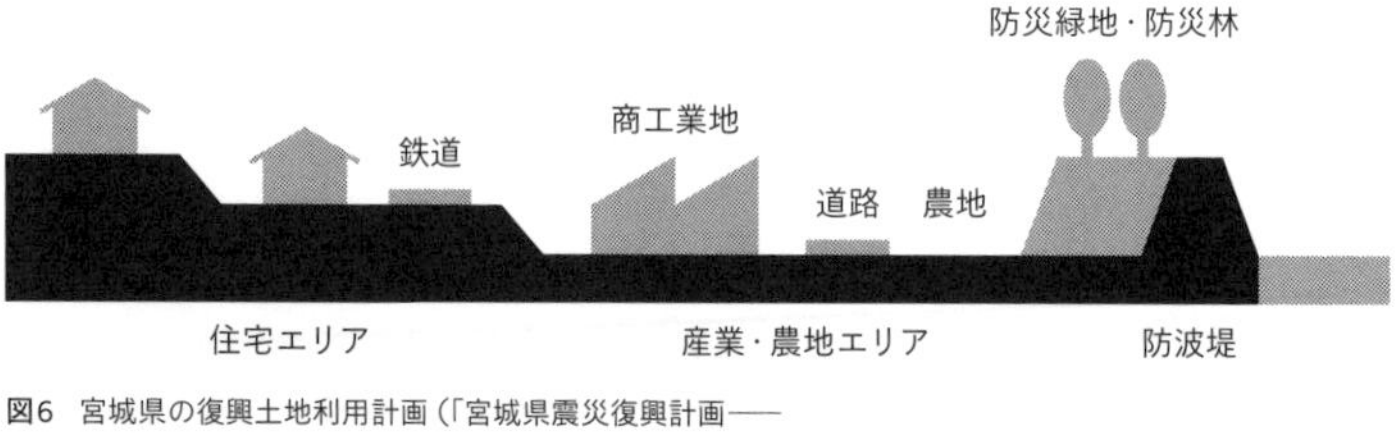

図6　宮城県の復興土地利用計画（「宮城県震災復興計画——宮城・東北・日本の絆　再生からさらなる発展へ」（宮城県、2011年10月）をもとに作成）

東日本大震災での新しい試み

災害復興は、基本的に以前から使われてきた仕組みを利用して進められるものであり、東日本大震災においても、土地区画整理事業、防災集団移転促進事業といった昭和の時代に創設された仕組みが利用された。一方で、ふたつの新しい試みが被災直後から導入されている。ひとつは「津波復興拠点整備事業」であり、もうひとつは数値シミュレーションにもとづく土地利用計画の決定である。津波復興拠点整備事業は、土地区画整理事業による盛土の上の市街地整備と組み合わせて実施されることが多く、行政が土地を買収し、買収した土地に公共施設や商業施設を建設するものである。阪神・淡路大震災の場合、おもに都市部での災害だったこともあり、市街地再開発事業によって公共施設や商業施設の整備が行われた。東日本大震災の復興においても石巻市などで都市再開発の事例がいくつか存在するが、人口減少が進む地域では、施設を建設するための保留床を販売して開発コストを捻出する市街地再開発事業を行うことは難しく、商業施設や公共施設の再建の役割を津波復興拠点整備事業が担ったとも考えることができる。

先述のとおり、防潮堤を整備する、盛土を行う、内陸・高台に移転するという、津波から安全な町として再現する手法は昭和三陸津波と変わらない19。東日本大震災と昭和三陸津波との違いはより大規模な防潮堤整備が行われたことくらいである。昭和三陸津波でも、田老町《たろう》（現岩手県宮古市田老地区）で防潮堤が建設されたが、あくまで限定的なものであり、津波対策の基本は津波到達地点よりも高い場所に集落を移転させることにあった。この点においては東日本大震災も変わらないと言えるだろう。

東日本大震災からの復興において導入されたもうひとつの新たな試みは、数値シミュレーションにもとづき土地利用計画を決定したことである。L1防潮堤の効果を踏まえた復興土地利用計画を策定するために、津波浸水シミュレーションが採り入れられ、その結果をもとに浸水深さ2メートル以上の地域は「災害危険区域」とするという方針が定められた。この方針にもとづき、津波から安全な都市・集落の位置を定める土地利用計画の策定が行われることとなったのである。

他方でこの試みには留意すべき点もある。シミュレーションはあくまで計画の安全性を確認するための手段であり、その結果には誤差も存在する。しかし、計画の策定においてはシミュレーション結果を絶対視する部分もあったことは否めない。本来「従」であるはずのシミュレーションが「主」たる存在へと関係が逆転し、計画策定がなされ、土地利用が決められてしまったのである。

沿岸部の移転のかたち

以下、東日本大震災からの復興まちづくりの具体例を見ていくこととする。岩手県で最も大きな津波被害を受けた陸前高田市20では市役所があった高田地区、歴史的市街地が存在した今泉地区でその度合いが激しかった。防潮堤・水門の整備に加えて、高田地区は盛土、今泉地区は高台移転・盛土という方法で復興まちづくりが行われた。今泉地区では高台・道路整備と盛土工事を連携して行い、ベルトコンベアを用いて今泉地区の造成から出た土を高田地区に運搬し、盛土工事を行った。高台整備・盛土とも土地区画整理事業を用いて実施されており、高田地区では商業施設や図書館が津波復興拠点整備事業を用いて整備された図7。土地区画整理事業では従前の土地所有者に土地を戻すこととなるが、新築しない場合は空地として宅地が残る。東日本大震災の土地区画整理事業全体の土地利用率は7割[21]であるが、陸前高田市の土地利用率はそれよりも低いものとなった。

　岩手県では湾口防波堤を持つ釜石市と大船渡市でも津波被害が発生した。釜石市では津波浸水は

分類	回避型	分散型	抑制型
ねらい（巨大津波に対して）	生命と財産を守る	生命を守り、財産の多くを保全する	生命を守り、財産の壊滅的被害を防ぐ
イメージ			

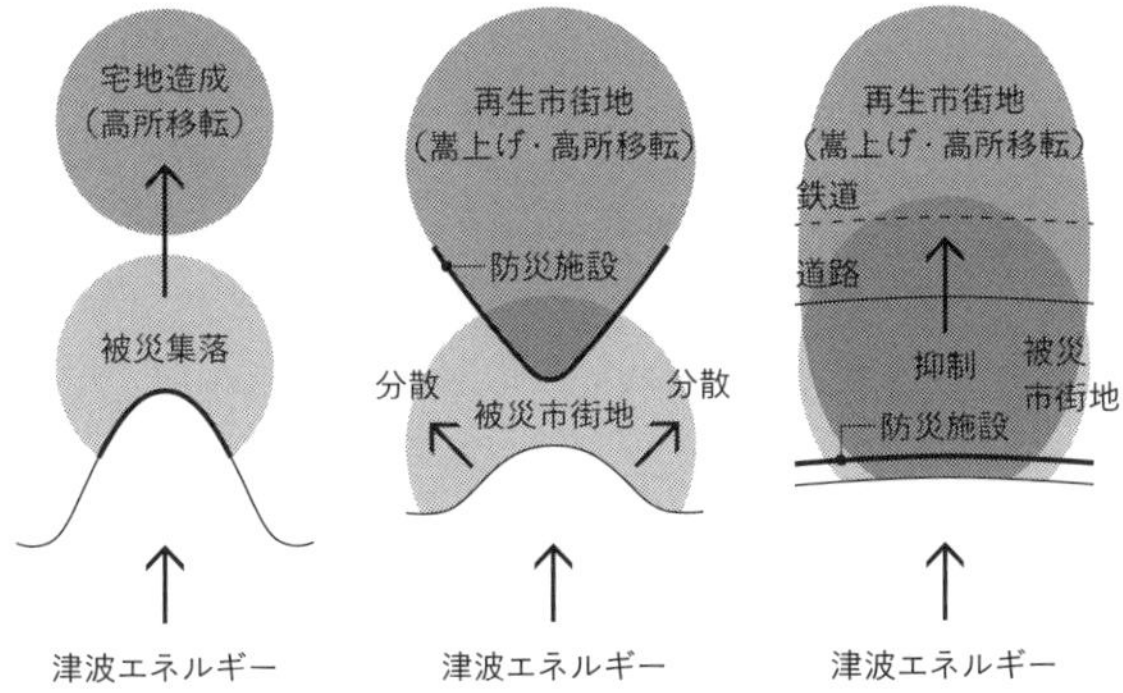

図7　陸前高田市の津波復興拠点整備基本計画（「岩手県東日本大震災津波復興計画復興基本計画――いのちを守り海と大地と共に生きるふるさと岩手・三陸の創造」（岩手県、2011年8月）をもとに作成）

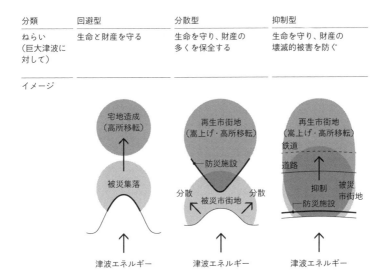

発生したが、非木造建物を中心に多くの建物が残されたことから、二線堤を設置することでシミュレーション上の津波浸水深さが低くなった。それにより、中心市街地ではすべての建物を撤去する必要がある全面的な盛土を行わずに済み、床面を基準の高さ以上にすることで住宅も建設可能なかたちでの災害危険区域（第二種）の設定を行っている。大船渡市の中でも、とくに大きな被害を受けた市街地である大船渡地区では防潮堤の整備と盛土を行い（土地区画整理事業・津波復興拠点整備事業）、土地区画整理事業地域の山側は住宅も建設可能な災害危険区域に設定され、基礎高0・5メートル、1・5メートル、地下禁止という3段階の規制が設けられた。また大船渡市の防災集団移転事業は、大規模な住宅団地を造成するのではなく、既存の集落の中に小規模に設置していく「差し込み型」と呼ばれる手法も採用された。

宮城県では、石巻市の新蛇田《へびた》地区、東松島市の野蒜《のびる》ケ丘地区などで土地区画整理事業を用いて大規模な住宅団地を整備し、沿岸部の住民に防災集団移転地として住宅地を提供している。新蛇田地区は高速道路の石巻女川《おながわ》IC、JR曽波神《そばのかみ》駅など交通至便であるとともに、大型ショッピングモールも近くにあることから利便性が高い地域となっている。野蒜ケ丘についてはJR仙石線のルートを内陸に変更することで団地内にJR東名《とうな》駅が設置され、津波復興拠点整備事業を利用し、駅周辺には地域交流・物販の施設も整備されている。いずれの地区も利便性が高いことから利用率は高い。仙台市の荒浜地区では、防災集団移転促進事業が実施され、震災前から実施されていた地下鉄東西線の荒井駅周辺での土地区画整理事業地に移転先の宅地が確保された。

沿岸部の農業・漁業集落をひとつの防災集団移転住宅団地に集約するようなことも実施されている。石巻市では、半島部に住む人に向けた防災集団移転住宅団地として、高速道路の二子北上IC近くの内陸部の二子団地を整備した。元の沿岸地域に残る人もいるが、多くの人が内陸部で利便性の高い石巻市の中心市街地に移転した。旧雄勝町の中心部では9割の世帯が地域を離れるような事態**22**も発生している。宮城県岩沼市では、沿岸部の6地区の住民すべてが内陸部に移転し、沿岸部の集落が同市内の玉浦西地区団地に集約されることとなった。

防災集団移転促進事業により高台・内陸の住宅地を整備することが可能であるにもかかわらず、土地区画整理事業を利用して住宅地建設を行っているのには理由がある。防災集団移転住宅団地を建設するにはそのプロセスとして大臣認可を得るとともに、認可を得るためには被災者の合意が必要となる。合意を得てから工事を行うと完成時期が遅くなるため、先に土地区画整理事業により住宅地を整備し、整備した住宅地を防災集団移転住宅団地として利用することが行われた**23**。

宮城県名取市の閖上《ゆりあげ》地区は、津波のリスクが高い沿岸部で再建することを危惧する声もあったが、住民たちは盛土を行い現地で再建することを選択した。沿岸部の災害危険区域に指定される地区に住んでいた世帯は、防災集団移転促進事業を利用し、土地区画整理事業で整備された宅地に移転。少し内陸に住んでいた世帯は、土地区画整理事業の仕組みを利用し、盛土上に整備された土地に換地された。

津波からの復興と町の動き

これまでは市レベルの自治体での復興事例について説明してきたが、町レベルでも大規模な復興事業が行われている。宮城県の女川町は市街地が津波で壊滅的な被害を受け、全体で220ヘクタールという大規模な土地区画整理事業が行われた。防潮堤を盛土の擁壁として利用し、防潮堤の高さまで全面的に盛土を行うことで、新しい町は防潮堤よりも高い場所となり、海が見えるまちづくりとなった。また、昭和三陸津波（1933年）で大きな被害を受け、昭和の津波からの復興において大防潮堤を建設した岩手県の田老町においても、津波は防潮堤を乗り越えて市街地に流れ込んだ。東日本大震災からの復興では旧市街地を望む高台に防災集団移転事業を利用して住宅地の整備が行われたが、一部、低地の旧市街地に残りたいという希望が住民から寄せられ、盛土をして再建が行われた。

漁業集落は、明治三陸津波（1896年）、昭和三陸津波の被災・復興経験を持つ地域が多く、昭和三陸津波の復興後に移転して高台に残った住宅は東日本大震災での被災を逃れたが、低地に降りてきた住宅は被害を受けた。一方、釜石市両石《りょういし》地区のように移転先の高台も含めて被災した地区もある24。平成の復興では昭和の高台移転地を拡大するような復興（釜石市本郷、山田町田野浜）や、元の集落ごとに新たな場所に高台住宅地を建設して移転したり（石巻市十三浜地区他)、さらには防潮堤を整備しないで高台に移転したりする(花露辺《けろべ》)復興が行われた。

河川を遡る津波に対しては、岩手県では河口に水門を設置し図8、遡上を止める対策が行われたのに対し、宮城県では遡上が想定される地点まで河川側・上端部・内陸側の三面コンクリート補強を行った河川堤防の整備が行われた図9。

東日本大震災の復興まちづくりの方法は、90年前の昭和三陸津波と基本的に同じである。浸水深さ2メートル以下で住宅が流されない場所に都市・集落を再建し、その方法は防潮堤の建設、盛土、高台・内陸移転であった。高台の再定住地のデザインという観点では、防災集団移転促進事業で建設された住宅のみが立ち並ぶ現在の復興団地よりも、90年前の広場・集会施設・銭湯などの地域施設が立ち並ぶ移転地25の方が住民の生活も考慮しているという点で優れているかもしれな

図8 大槌町の水門(筆者撮影)

い。「移転」「盛土」のための方法は雲仙普賢岳など、平成の復興で利用されてきた仕組みを利用したものである。三陸地域は明治、昭和とこれまでも数多くの津波災害を経験し、復興されてきているが、戦前の津波復興と平成の復興の大きな違いは、国土を守るための巨大な防潮堤が建設されたことである。あえて国土という言葉を使ったのは、かつて集落が高台に移転したところにも防潮堤を建設しているからである。

防潮堤により都市・集落を守るという対策はチリ地震津波（1960年）以降、採り入れられるようになったものである。東日本大震災の復興事業で防潮堤が整備されたことにより、被災したすべての地域が百数十年に一回発生する津波からは守られることとなった。津波シミュレーションにもとづき土地利用規制が行われているが、これは防潮堤があることを前提としたものである。昭和三

図9　南三陸町の河川堤防（筆者撮影）

陸津波では岩手県の旧田老町に防潮堤が建設され、チリ地震津波以降、順次防潮堤の整備が進められてきたが、東日本大震災の復興を経て、防潮堤で国土を守るということが確立された。東日本大震災で建設された防潮堤の総延長は４００キロ以上[26]にも及ぶ。

注

1　生田英輔他「統合データベースに基づく兵庫県南部地震による人的被害の発生機構に関する分析」『日本建築学会計画系論文集』（590号、2005年）所収、117〜123ページ

2　消防庁編「令和3年版消防白書」（総務省消防庁、2022年）

3　Raymond J. Burby ed., *Cooperating With Nature: Confronting Natural Hazards With Land-Use Planning for Sustainable Communities (Natural Hazards and Disasters)*, Natl Academy Press,1998.

4　建設省編『戦災復興誌』（第3巻、都市計画協会、1958年）、1〜4ページ

5　防災生活圏とは延焼遮断帯で囲まれた小中学校区程度のエリアであり、防災生活圏というコミュニティ単位で防災まちづくりを進めようとする考え方である。1981年、東京都は「都市防災施設基本計画——防災生活圏の形成」を策定し、防災生活圏単位での防災まちづくりを進めていく。

6　消防庁『阪神・淡路大震災の記録1』（ぎょうせい、1996年）、135ページ

7　阪神・淡路大震災の復興都市計画に深く関わった小林郁雄氏のご教示による。

8　神戸市の資料による。

9　阪神・淡路大震災では利用されていないが、現在は被災市街地復興特別措置法（1995年2月）により、被災市街地復興推進地区を指定することで2年間の建築制限を行うことができ、都市計画決定の時期を延ばすことが可能となっている。

10　「新長田駅南地区震災復興第二種市街地再開発事業の検証」（神戸市、2021年）

11　「新長田駅南地区震災復興第二種市街地再開発事業の検証」（神戸市、2021年）

12　関西建築家ボランティア魚崎まちづくり支援研究会「『魚崎地区』密集住宅市街地整備促進事業現況調査報告書」（関西建築家ボランティア魚崎まちづくり支援研究会、1995年）

13　野崎隆一「第16回ハウジング研究報告会より『フェニーチェ魚崎』建設の記録——東灘区魚崎市場は自力復興で再生した」『住宅』（49巻、5号、2000年）所収、85〜89ページ

14　野崎隆一「建築家ボランティアの取り組んだ住民主体のまちづくり」、阪神大震災復興市民まちづくり支援ネットワーク編『阪神・淡路大震災震災復興が教えるまちづくりの将来』（学芸出版社、1998年）所収、18〜22ページ

15　雲仙普賢岳の噴火災害については、以下の資料参照。鈴木広編『災害都市の研究——島原市と普賢岳』（九州大学出版会、1998年）、高橋和雄、木村拓郎『火山災害復興と社会——平成の雲仙普賢岳噴火（古今書院、2009年）

16　島原市災害復興課編「島原市復興計画　雲仙・普賢岳噴火災害」（島原市、1993年3月）

17　十二平集落記録誌編集委員会編、福留邦洋監修『ここはじょんでぇら——震災を経験した小千谷市十二平集落の道標』（十二平を守る会、2010年）

18　澤田雅浩「集落（集団）移転・集落の再生——中山間地域で暮らしていた人々の

生活再建支援」『復興』（6巻、2号、2014年）所収、43〜48ページ

19 牧紀男「明治・昭和三陸津波後の高台移転集落における東日本大震災の被害」『地域安全学会梗概集』（30号、2012年）所収、109〜112ページ

20 「陸前高田市東日本大震災検証報告書」（陸前高田市、2014年）

21 東日本大震災による津波被害からの市街地復興事業検証委員会「東日本大震災による津波被害からの市街地復興事業検証委員会とりまとめ」（国土交通省、2021年）

22 荒木笙子・秋田典子「石巻市雄勝町における災害危険区域内住民の居住地移動の実態」『ランドスケープ研究』（82巻、5号、2019年）所収、611〜616ページ

23 石巻の復興に尽力された株式会社ドーコンの今野亨氏からご教示いただいた。

24 牧紀男「明治・昭和三陸津波後の高台移転集落における東日本大震災の被害」『地域安全学会梗概集』（30号、2012年）所収、109〜112ページ

25 内務大臣官房都市計画課編「三陸津浪に因る被害町村の復興計画報告書」（1934年）

26 国土交通省、復旧・復興事業の進捗状況（福島12市町村除く）
https://www.mlit.go.jp/river/kaigan/main/pdf/fukkyufukko03_1911.pdf
（2023年6月22日閲覧）

新潟県旧山古志村に建設された木造公営住宅（筆者撮影）

第3章

公的に住宅を「提供」する

仮住まいと公営住宅

「近代復興」における住宅支援

第2章では平成の時代の、被災地域を安全なまちとして再建する取組みについて見てきた。昭和の時代の復興では、安全なまちをつくる、都市の基盤整備を行うことこそが復興であり、復興の正史だった。この復興の姿は「近代復興」と呼ばれる。「近代復興」とは「政府・官僚主導型で、開発を前提とし、迅速性をよしとする。／被災地には現状凍結（モラトリアム）を要請し、基盤（インフラ）整備を優先する。／政府が提供する仮設住宅、そして復興住宅へという単線型プロセスが用意される。／政府の（補助金付）事業メニューは標準型であり、しばしば事業ありき、の発想となる。／わが国では1961年の災害対策基本法の制定によって枠組みが整えられ、阪神・淡路大震災までに完成した体制」[1]と定義され、昭和の復興は「近代復興」だった。一方、平成の復興では「白地地域」のように「近代復興」の枠組みでは対応できない課題が生まれてきた。その点については第4章以降で検討することとし、本章では「近代復興」のもうひとつの構成要素である「単線型プロセス」としての住宅支援のあり方について見ていく。

住宅支援の実施の主体は行政だが、対象は個人の住宅であり、本書の復興の枠組みでいうと「個（住まい）／公」という第4象限（27ページ）にあてはまるものである。公による住宅支援は、「安全なまちの再建」と比べると、時代的には少し遅れて始まる。災害で住宅を失った人が一時的に雨露を防ぐためのシェルターの提供は明治以前から行われていたが、数年間居住する「仮設住宅」の提供が始まるのは関東大震災以降2であり、さらに公営住宅のように公的な機関が住宅の提供を始めるのは関東大震災時に設立された同潤会以降のことである。ここでは「近代復興」としての公的機関による災害後の住宅支援の枠組みを整理したうえで、平成の時代の災害後の「公」による住宅提供について見ていく。

1　災害後の居住に関わる支援制度の枠組み

災害後の居住には、災害直後に最低限の居住環境を確保する「シェルター」、恒久的な住宅を再建するまでの期間に住まう「仮住まい」、そして被災した住宅を再建した「恒久住宅」の3つの段階が存在する。日本の居住に関わる公的支援の枠組みに当てはめると、「シェルター」が「避難所」、「仮すまい」が「応急仮設住宅」、「恒久住宅」が「公営住宅」となる。これらの提供の根拠となる法律は、応急・復旧期と復興期では異なっており、「避難所」「応急仮設住宅」は「災害救助法」、「災害公営住宅」は「公営住宅法」にもとづく。平成の災害の中で、支援の考え方も次第に変化していくが、住宅は一方で個人財産であり、災害後の居住環境の確保についても基本的には自己責任となる。すなわち自分でアパートを見つけて家賃を支払い、自分のお金で住宅を再建するということが、日本における災害後の住宅再建の基本原則である。しかし、自分で住宅を確保することが難しい人も存在し、「公」が支援を行う。「公」が支援する対象は、災害後の居住段階により異なる。災害直後のシェルターについては、住宅被害の有無にかかわらず、ライフラインの停止、2次的な災害に対する恐怖など、さまざまな理由で、自宅外でやむを得ず生活をすることとなるため、被災地域に住む人全員が災害救助法による支援の対象となる。同法の「避難所」に関する告示では「イ　災害により現に被害を受け、又は受けるおそれのある者に供与するものであること」[3]とあり、資力要件は規定されていない。「炊き出し」や「食品の供与」についても対象は「避難所に避難している者又は住家に被害を受け、若しくは災害により現に炊事のできない者」とされており、近年「在宅避難者」という呼ばれ方をするが、避難所とそれ以外で区別されていない。さらに行政が認めた場合、ホテル、旅館などを避難所として利用し、その費用を「公」が負担することも可能であり、避難が長期に及ぶ場合などは実際、そのような措置がとられている。

応急仮設住宅を提供する対象は、告示では「住家が全壊、全焼又は流出し、居住する住家がない者であって、自らの資力では住家を得ることができないもの」[4]とされ、被害の程度、資力が支援の要件として付加される。しかし、実際の運用においては被災により収入が減少している場合も想定されるため、資力要件はそれほど重視されない。また被害についても「半壊」以上というのが現在の運用状況である。平成の初めのころには、資力要件として具体的に母子家庭、生活保護世帯等という記述があるとおり、生活困窮者が対象であり、「災害救助法」の管轄も現在は内閣府（防災）だが、以前は生活保護などと同じ厚生省社会援護局だった[5]。平成の災害を通じて仮住まいに関する支援は大きく変化した。

平成の災害と応急仮設住宅

こうした変化が起こった背景には平成の災害の経験が背景にある。平成の時代になって最初に発生した大きな災害である、1991（平成3）年の雲仙普賢岳噴火災害では、国が災害対策基本法にもとづき警戒区域を設定した。そのため、住民は元住んでいた場所に立ち入ることができなくなり、住宅被害の有無にかかわらず仮住まいをせざるを得なくなった。そして警戒区域に住むすべての人を対象に、応急仮設住宅が提供されることとなった。その2年後の1993年には北海道南西沖地震が発生し、奥尻島で大きな被害が発生する。奥尻島は離島であり、島内に自力で確保できる住宅の戸数は限られていたため、津波で住宅を失った全世帯を対象に応急仮設住宅が提供された。

雲仙・奥尻と社会的に大きな注目を集める災害が続き、マスメディアで応急仮設住宅が注目され、雲仙では警戒区域が設定されたという理由で、また、奥尻島では離島といった理由で、被災者すべてに応急仮設住宅が提供されたにもかかわらず、以後、応急仮設住宅はすべての被災者に提供されるものという先入観が徐々に醸成されていった。そしてその2年後の1995

年には、阪神・淡路大震災が発生する。「原則として入居を希望される方々全員に提供する」[6]という資力・被害要件を考慮せずに応急仮設住宅の提供を行う方針を兵庫県は定め、大阪府とあわせて5万戸近い応急仮設住宅が建設された。平成になってから発生した雲仙普賢岳の噴火災害から阪神・淡路大震災にいたる過程で、応急仮設住宅の供給に対する考え方は大きく変化していったが、住宅を失い、自らの資力では生活の場を確保できない人が対象であるという基本方針は変更されていない。ただ人々の認識は「災害で住宅が被害に遭えば応急仮設住宅に住むことができる」というように変化してゆく。

さらに東日本大震災以降、応急仮設住宅の主流は民間の賃貸住宅を借りて応急仮設住宅として利用する「借上げ仮設」（「みなし仮設」とも呼ばれた）が主流となっている。現在の正式名称は、従来の「建設型仮設住宅」に対応するかたちで「賃貸型応急住宅」となっている。入居方法は、行政が賃貸住宅をあっせんする場合もあるが、自分が見つけてきた住宅を県（政令指定都市の場合もあり）、貸主、入居者の三者で「賃貸型応急住宅」として契約するという手続きがとられる。三者契約は手間がかかるが、行政も契約者となることで、賃貸住宅の契約が難しい高齢者などでも契約が可能になるという側面もある。

しかし、「賃貸型応急住宅」の対象者や、賃貸可能な場所については検討の余地が大きい。災害前に賃貸住宅に居住していた人も、賃貸していた住宅が被災した場合は支援の対象となり、現在の運用では従前と同程度、もしくはそれ以上の賃料の住宅に家賃を払わずに居住できることとなる。また、場所に制限はなく、東日本大震災では東京で借りた住宅も「賃貸型応急住宅」として認められた。阪神・淡路大震災では、被災後の仮住まいとして被災者の勤務先が提供した賃貸住宅の割合が、行政の応急仮設住宅よりも多かった[7]。今後は企業が社員に提供する賃貸住宅までも「公」が支援する必要があるのかなど、さまざまな側面から検討を行う必要がある。

被災後、仮住まいでの生活を一定期間送った後に恒久住宅に移ることになるが、「公」が提供する「単線型プロセス」では応急仮設住宅の後は公営住宅に移り住むこととなる。応急仮設住宅の入居対象者は「自らの資力では住宅を確保することができない者」という基準が定められているが、復興のために建設される公営住宅の対象は、少し広がって「住宅に困窮する低額所得者」（公営住宅法第1条）ということとなる。

現在の公営住宅法が制定されたのは1951（昭和26）年で、制定当時から災害時に公営住宅を建設する規定はあった。公営住宅法の第8条に「災害の場合の公営住宅の建設等に係る国の補助の特例」という項目があった。また、法案制定時の国会審議の中で、第8条に関する質疑があり、その質問に関連して「住宅災害によりまして住宅が滅失した場合には、災害住宅として実際やつておりましたが、24年度までは火災に対する災害は、いわゆる災害にあらずとして」[8]（建設技官鎌田隆男）という答弁が行われており、災害住宅としてやっていたという説明からわかるように、公営住宅法以前から国は自然災害時には被災者向けに住宅建設を行っていたことがわかる。

災害後の住宅提供基準

災害後に公営住宅を提供する取組みの歴史は長い。第2次世界大戦終戦直後には昭和南海地震（1946年）、福井地震（1948年）といった災害が発生しており、福井地震では住宅が不足する状況の中、「震災公営住宅」が建設されている。「福井震災誌」には「庶民階級として自力復興の力なき向についてては、県市公営住宅による外ないので1戸7坪、木造平屋立て5000戸の建設を計画し、政府の高率補助交付方を猛運動した」とあり、建設要領では「ホ、入庫者の選定は罹災者にして住居に著しく困窮し、借家によらねばならない低額所得の勤労者で、家賃を支払うことの出来る者とし」「ハ、家賃は建設省より補助金、寄附金、等を除いた経費を基礎として算出し本省の承認を受けること」という記述[9]がある。低所得かつ家賃を支払うことが可能であるという、いわゆる公営住宅対象者に対して、災害後、国の補助金で公営住宅を提供するという仕組みが、終戦直後から存在していた。

応急仮設住宅については、所得水準に関する基準は現在まで残っているが、運用上は入居対象者の収入を確認しなくなっている。公営住宅についてはどうだろうか。雲仙普賢岳の噴火災害による被災地域は、持ち家率の高い地域であり、火山活動が収束し安全に住むことができる場所が確保された場合には、自分の土地に自宅を再建することになる。応急仮設住宅の居住性能が高くなく、長期にわたる生活には適さないことから、応急仮設住宅後、住宅を再建するまでの間の生活場所として公営住宅が利用された10。公営住宅は、木造で建設された応急仮設住宅を改良した短期型、木造平屋で10年の使用年限を定めた中期型、グレードを上げた公営住宅などを利用した長期型が災害後、新たに建設されたほか、民間の賃貸住宅が借上げに供された。収入要件については、一時利用という理由から「(2) 収入基準を入居資格要件から除外すること。(3) 災害による特定入居として公募除外対象とすること」(建設省住宅局住宅総務課長通達住総発第189号平成3年12月9日)とされた。

阪神・淡路大震災では想定を超える数の世帯が公営住宅への入居を希望し、当初の2万7000戸の計画が3万8600戸に変更され、災害復興(賃貸)住宅への申込資格は、住宅に困窮していること(応急仮設住宅などに居住)、半壊・半焼以上の被害を受けたことであり、収入要件は設定されなかった。阪神・淡路大震災後に制定された被災市街地復興特別措置法で、被災市街地復興推進地域に設定された地域には、公営住宅の入居者要件は緩和されることとなった(第21条公営住宅及び改良住宅の入居者資格の特例)。ただし、被災市街地復興推進地域が設定されない災害においては通常の公営住宅と同様で所得要件があり、新潟県中越地震(2004年)の「罹災者公営住宅」では、入居対象者は「災害により居住していた住宅を失った低額所得者」となっている。

「近代復興」の主体はあくまで「公」であり、「公」が持つ住まいに関する支援ツールは避難所→応急仮設住宅→公営住宅と段階的である。すべての被災者を対象とした避難所、かなり対象を絞り込み生活保護世帯のような生活困窮者を対象とした応急仮設住宅、そしてすこし対象を拡大し低所得者を対象とした公営住宅という枠組みで災害後の住まいについての支援は行われる。これに対し、単線型という批判が向けられるが、昭和の時代につくられたこの災害後の住まいに関する支援の枠組みは「民生」、つまりセーフティネットであった。「公」の支援を受ける人は少数であり、大多数の人は、個々人（私／個）が、自己負担で災害後の住まいの確保を行ってきており、その対応の仕方は疎開、親族の家、企業の支援など多様だった。平成の時代になり、社会状況の変化にあわせて応急仮設住宅、そして公営住宅の入居者の所得制限がなくなり、対象者が拡大されていった。さらに個人の恒久住宅再建についても被災者生活再建支援法が制定されたことで支援が行われるようになり、「公」による住まいの支援対象が拡大していったのが平成の復興の姿であった。

2 災害後の仮住まい――プレファブ、賃貸、木造、移動ユニット

プレファブ仮設の変遷

平成の時代の災害を通じて、災害後の住まいは支援対象が変化してきたが、仮住まいとして使われる建物の性能や種類も平成の災害の中で変化してきた。これは現在も同様だが、応急仮設住宅として使われる建物の中心となるのは、一般的に建設現場の事務所などに利用される「規格建築」と呼ばれるプレファブの建物である。これはリース物件であり、現場での利用が終了すると、解体してデポと呼ばれる資材置き場に運ばれ、利用可能な部材は再利用されるという仕組みで運用されている。

雲仙普賢岳噴火災害の応急仮設住宅は1、455戸建設され、地域の建設業支援という目的で木造の応急仮設住宅も一部建設されたが、多くを占めたのは規格建築（プレファブ）の応急仮設住宅だった図1。当時の応急仮設住宅は「小屋掛け」であり、物理的性能は現在と比べものにならないほど低く、当時の基準では風呂の設置も認められていなかった。雲仙普賢岳の応急仮設住宅では、災害救助法特別基準を適用し、トイレ・風呂が各戸に設置されたが、室内に靴脱ぎスペースはなく、床材もコンパネの上に畳を敷いただけの簡素なつくりで、エアコンも国の基準では設置されず長崎県の予算により設置された11。雲仙普賢岳の噴火災害後に発生した鹿児島豪雨災害（1994年）では浴室・トイレ共同であり、それが当時の基準だった12。

雲仙普賢岳の噴火災害に引き続き発生した北海道南西沖地震（1993年）では、408戸の応急仮設住宅が建設された。寒冷地であることに配慮して床・壁に断熱材が入り、住性能が改善されたことで建設費用も上昇し、当時の国の基準だった約111万円／戸（8坪タイプ）に対し、1戸あたりの建設費用は260〜390万円となり、特別基準として対応された。リース期間終了後は、被災地の奥尻島が離島であることもあり、業者のデポに戻されるのではなく地元の住民に払い下げられ、現在も残されている。

そして阪神・淡路大震災（1995年）では大阪府と兵庫県あわせて4万9861戸の応急仮設住宅が建設された。兵庫県の建設分4万8300戸を阪神・淡路大震災の応急仮設住宅戸数としている資料も多いが、大阪府の被害も甚大であり1千戸以上の応急仮設住宅が建設されている。供給さ

図1　雲仙普賢岳の応急仮設住宅（筆者撮影）

れた多くは規格建築だったが、それだけでは不足することから外国製の住宅が輸入されたほか、住宅用のプレファブ建築も応急仮設住宅として利用された。また、共通のリビングスペースを持ち、生活支援をするスタッフが駐在するケア付き仮設住宅も建設された。

阪神・淡路大震災の応急仮設住宅で新たに問題となったのは「団地」としての応急仮設住宅地である。高齢者を優先的に入居させたことから高齢者ばかりの団地が形成される、抽選で入居者を選定したため団地には知らない人ばかり、集会所がないといったことが問題となった。こうした反省を踏まえ、新潟県中越地震（２００４年）の応急仮設住宅では元の地域の住民が集まって応急仮設住宅に入居したり、集会所を設けたりするといった対策がとられるようになり、集会所の設置についてはその後、応急仮設住宅の設置基準に明記されるようになる。継続して建物の質の改善も行われ、断熱性能の向上、防湿対策、シックハウス対策、バリアフリー化が行われた。しかし、その結果として設置費用も上昇し、東日本大震災以前には応急仮設住宅１戸あたりの建設費用は５００万円近く**13**にのぼっていた。

借上げ仮設の利点

新潟県中越地震以降のもうひとつの大きな変化は、民間の賃貸住宅を応急仮設住宅として利用する借上げ仮設（賃借型応急仮設住宅）の登場である。借上げ仮設住宅に関するデータとして参照されることが多い会計検査院の資料**14**では、阪神・淡路大震災においても借上げ仮設が139戸（同資料の本文中では「民間賃貸仮設住宅」の戸数）が利用されたと記載されており、阪神・淡路大震災から借上げ仮設住宅の利用が始まったように考えられがちだが、そうではない。当時、応急仮設住宅の供給を担当した兵庫県職員に対するインタビュー調査によると、避難所の代わりとして不動産関連団体から提供のあった民間賃貸住宅を会計処理上、応急仮設住宅としたという。したがって本来の意味での借上げ仮設住宅が利用されるようになるのは新潟県中越地震が最初である。中越地震以降の災害でも借上げ仮設の利用が検討されるが、地方では利用可能な賃貸住宅が少なく、借上げ仮設が主流化することはなかった。

東日本大震災では10万戸以上の応急仮設住宅が提供されることとなった。その内訳は賃貸型（借上げ）が6万1352戸、建設型が5万2858戸であり、賃貸型応急住宅が建設型を上回った。居住性能が向上したことにともない、建設型仮設の建設コストは、東日本大震災で730万円（宮城県）[15]にのぼったが、賃貸型の場合、毎月6万円の家賃で5年借りたとしても600万円である。また恒久住宅として建設されていることから居住性能も高く、居住性能とコストの両面においても多くの賃貸住宅が存在する都市部においては借上げ仮設を利用することの妥当性は高い。

プレファブ仮設の普及

東日本大震災では阪神・淡路大震災と同規模の応急仮設住宅の建設が行われているが、阪神・淡路大震災と同様に規格建築だけでは必要戸数をまかなうことができず、一般の住宅用のプレファブ建築も利用された。また玄関同士が向かい合わせとなるような建物配置を行い、その間の通路に屋根をかけ交流機能を強化したデザインの応急仮設住宅や、高齢者のケア施設を併設した応急仮設住宅団地も建設された。

そして、東日本大震災では木造で建設された応急仮設住宅図2が建設され注目を集めるようになる。じつは、応急仮設住宅の歴史を見ると、伊勢湾台風（1959年）のころまでは木造の応急仮設住宅が主流だった。そして伊勢湾台風が、プレファブ建築の応急仮設住宅が建設された最初の事例であると考えられる。行政の資料では未確認だが、ダイワハウスのホームページで伊勢湾台風時にプレファブ（パイプハウス）による応急仮設住宅が建設された事例が掲載されており、おそらくこれが

図2 対面配置された応急仮設住宅（岩手県釜石市平田地区、筆者撮影）

最初の事例であると考えられる。ちなみに、行政資料の中にプレファブの応急仮設住宅という記述が最初に確認できるのは新潟地震（１９６４年）である。「新潟市には実に６３６戸という普通の災害では見ることのできない多数の応急仮設住宅が建設されたわけである。これらはきわめて短期間のうちに建設されなければならなかったから、木造だけではなく組立式のプレファブ住宅をも採用した」[16]とあり、１９９戸のプレファブ住宅による応急仮設住宅が建設されたことがわかる。新潟地震以降、施工の簡便さなどからプレファブ住宅による応急仮設住宅が主流となり、昭和43年十勝沖地震（１９６８年）では建設された１００戸中、軽量軽鋼プレファブ・パイプ式組立て住宅が99戸であり、木造は1戸のみであった[17]。１９６３（昭和38）年からはパイプ式組立て住宅資材の備蓄が行われている[18]。伊豆半島沖地震（１９７４年）では36戸の応急仮設住宅がすべてプレファブで建設され[19]、それまで各メーカーがプレファブの仮設住宅を供給していたが、１９８３年の三宅島噴火災害以降はプレハブ建築協会規格建築部会が関与してプレファブによる応急仮設住宅が供給されるようになる。

　このように新潟地震以降、プレファブ建築が応急仮設住宅の中心を担っていくが、東日本大震災以前にも木造の応急仮設住宅は建設されている。雲仙普賢岳の噴火災害では地元工務店が建設し、阪神・淡路大震災では海外から輸入した住宅の中に２×４《ツーバイフォー》の応急仮設住宅があった。東日本大震災と同じ２０１１（平成23）年に発生した紀伊半島大水害でも、奈良県において木造の応急仮設住宅が建設された。

仮設住宅の多様な展開

東日本大震災以降、賃貸型応急住宅が応急仮設住宅の主流となる。熊本地震（２０１６年）では賃貸型仮設の戸数が１万５０５１戸（ピーク時）利用されたのに対して、建設型仮設の戸数は４，３０３戸（うち木造６８３戸）[20]であった。

他方、熊本地震では、建設型仮設住宅の配置計画が注目された。これは「熊本型デフォルト」[21]と呼ばれ、敷地を１戸あたり１５０平方メートル（通常１００平方メートル）で計画するほか、すべての応急仮設住宅団地においてゆとりのある配置計画を行っている。また恒久的な住宅に転用可能なコンクリート基礎の木造応急仮設住宅も建設された。

賃貸型が主流となる中で木造・プレファブに加えてムービングハウスやトレーラーハウスといった移動可能な建築も応急仮設住宅として利用されるようになる。トレーラーハウスは米国でよく見られる車輪付きの住宅であり、ムービングハウスとはコンテナサイズのユニットをトレーラーで移送し、現地に設置するものである。西日本豪雨（２０１８年）では倉敷市真備地区にムービングハウスとトレーラーハウスを利用した51戸の応急仮設住宅（うちムービングハウス41戸）が設置された。北海道胆振《いぶり》東部地震（２０１８年）においてもムービングハウスとトレーラーハウスが応急仮設住宅として利用され、農地の管理を行うために自宅から離れられないという住民の要望に応じて、被災した自宅の場所に設置された図3。さらに北海道胆振東部地震では、応急仮設住宅として利用されていたトレーラーハウスを払い下げ、基礎を設置して恒久住宅として利用し続けた事例もあるほか、ムービングハウスを利用し、応急仮設住宅という位置づけで高校の野球部の寮として建設され、遠方から通う生徒のニーズに応えた。

平成の時代に応急仮設住宅の中心は「建設型」から「賃貸型」へとシフトすると同時に、規格建築で提供されていた応急仮設住宅の居住性能が向上し、さらに木造応急仮設住宅、トレーラーハウス、ムービングハウスという新しいスタイルの建築も建設型応急仮設住宅として利用されるようになってきた。規格建築、木造建築、トレーラーハウス、ムービングハウスはそれぞれに迅速性、大量供給、長期利用といった建物形式が持つ特徴がある。マスの供給を「賃貸型」が担うようになることで、各建築の特徴を活かし、役割分担を行うことできめ細かい対応が可能になった

木造やムービングハウスといった恒久的な住宅

図3　トレーラーハウスを用いた応急仮設住宅（北海道厚真町、筆者撮影）

として利用されうる建物が、仮住まいの建物として利用されるようになり、建物性能として公営住宅と応急仮設住宅の境界が曖昧になっている実態もある。応急仮設住宅と公営住宅を一体として考えることについては、東日本大震災後の日本建築学会の第2次提言においても「③仮設住宅（中略）仮設住宅は、災害復興住宅への転用、今後の国内外の災害に備えた備蓄など、資材の循環利用を前提とする」22とされている。しかしながら、法律的には応急仮設住宅の建設は、内閣府が所管する災害救助法にもとづき、公営住宅の建設は国土交通省が所管する公営住宅法にもとづくため、別個の仕組みで運営されている。応急仮設住宅の建物を、公営住宅の基準を満たすように建設していくことの妥当性など、制度的な課題も存在する。

これまで「建設型」応急仮設住宅には、迅速に大量供給を行うという使命が課せられていた。しかし、現在の応急仮設住宅の主流は「賃貸型」であり、大量供給の部分は「賃貸型」が担い、「建設型」については各建築タイプを上手く組み合わせてきめ細かな対応を担うといった役割分担が可能となる。災害後何度も転居し、新たな環境に適応することが求められることは、とくに高齢者にとっては大きな負担となる。高齢者に対しては当初から木造建設型仮設を提供し、その後、公営住宅に転用していくことが現実的である。過去においても雲仙普賢岳の噴火災害時の木造応急仮設住宅の公営住宅化（10年という期間を限定した公営住宅の建設）が行われ、また熊本地震では木造応急仮設住宅が市町村に払い下げられ「市町村単独住宅」（国の補助金を得ず、市町村が単独で確保し住民に確保する住宅）として利用されている。これからは、平成の時代のように応急仮設住宅→公営住宅と新たに建物を建設するのではなく、同一の建物を利用していく仕組みに変化することが求められる。

3 災害後の公営住宅

住宅政策の中の災害公営住宅

平成の時代、公営住宅政策も大きく変化する。昭和の時代は、1966（昭和41）年から「住宅建設五箇年計画」が策定され、住宅不足の解消、その後はある一定の住宅の面積（最低居住水準）を確保するといった目標を実現するため、公的資金を利用して供給する住宅戸数を5年ごとに定めていた。平成の時代になると阪神・淡路大震災の供給を踏まえ、密集市街地の解消や高齢化の進行にともなう住宅のバリアフリー化といったことも五箇年計画の目標として定められる。五箇年計画が策定されていた時代に発生した阪神・淡路大震災の住宅再建においては「ひょうご住宅復興3か年計画」が策定される。しかし、2005（平成17）年度第8期の計画をもって「住宅建設五箇年計画」にもとづく住宅政策の推進は終了する。2006年からは戸数基準ではなく、「住生活基本法」にもとづき「住生活基本計画」が策定され、「子どもを産み育てやすい住まいの実現」といった目標が示されるようになる。

また平成の時代を通じて公営住宅・公団住宅の姿も変化していく。公営住宅・公団住宅は鉄筋コンクリート造というイメージがあるが、1983年に始まるＨＯＰＥ計画（地域住宅計画）の中で地元の材を利用し、地域の特色ある建築デザインの公営住宅も木造で建設されるようになっていた。災害後に建設される公営住宅は、こういった公的な住宅供給施策の一環として建設されるものとなり、平成の時代の公的住宅供給の考え方が反映され、また災害時に建設される公営住宅がこれまで検討されてきた施策を先駆的に担うこともある。以下では、供給システムや地域性の反映も含め、平成の公営住宅の事例について概観していく。

雲仙普賢岳噴火災害に見る災害公営住宅

雲仙普賢岳の噴火災害の被災地は持ち家世帯が多く、地域の再建後、公営住宅に居住する世帯が少ないと見込まれたことから、恒久的な住まいとしての期待は小さかった。しかし、応急仮設住宅での避難生活が長期化すると、その居住性能の低さが浮き彫りとなり、長期にわたって居住するには適さないことから、住宅が再建されるまでの期間の仮住まいとして公営住宅の仕組みが利用された。恒久的に利用される戸数が少ないと想定され、居住利用期間を限定した公営住宅、さらには民間が建設した集合住宅を仮住まいとして借り上げることも併用しつつ、災害後の一般利用に対応できるように高規格の公営住宅が建設された23。

この公営住宅では、2戸の木造の応急仮設住宅を1戸に改造し、さらに応急仮設住宅では必要のない基礎を新たに設置した図4。恒久住宅として改修したもので、短期利用を想定し、53戸が整備された。また、中期利用を想定した公営住宅もある。木造の簡易な形式で10年を使用期限とした住宅が農地転用した敷地に建設された。中期利用の住宅は2種公営住宅・災害公営住宅として172戸建設されており、10年以上利用されたものもある**24**。また恒久的に利用される公営住宅は615戸建設され、うち146戸は民間が建設した集合住宅を借上復興住宅として利用する形式となっていた。借上復興住宅とは借上げ期間終了後は民間の賃貸住宅として利用されていくものである。この建設にあたっては土地所有者に対する建設助成、さらに入居者に対する家賃補助が行われており、財源には「雲仙岳災害対策基金」が活用された。

図4　公営住宅に転用される雲仙の応急仮設住宅（筆者撮影）

東日本大震災では、建設された災害公営住宅の将来的利用が課題となることが見込まれているが、雲仙普賢岳の噴火災害後の公営住宅の供給では、持ち家が多く長期的な利用が見込まれないという地域的な特徴があらかじめ踏まえられ、応急仮設住宅の転用、10年利用の簡易型の公営住宅の建設といった対応がとられていた。

阪神・淡路大震災で供給された公営住宅

雲仙普賢岳の噴火災害で供給された公営住宅は800戸程度であったが、阪神・淡路大震災では最終的に4万戸近い公営住宅が建設されることとなった。「ひょうご住宅復興3カ年計画」が策定され、当初の計画では「災害復興公営住宅」と呼ばれる公営住宅が2万4000戸建設されることとなっていた。しかし、応急仮設住宅の居住者を対象に行ったアンケート調査25では、公的借家の希望が7割を占めることが明らかになり、計画の見直しが行われ、当初の計画を大きく上回る3万8600戸（うち新規供給分2万5100戸）の災害復興公営住宅を供給することとなった。

阪神・淡路大震災前の阪神地区の公営住宅戸数は約7万戸26だった。震災後、その半数以上の戸数の災害復興公営住宅を新たに建設することとなり、建設のマネジメント、さらにその後の管理という観点から採用されたのが、雲仙普賢岳噴火災害でも利用された借上公営住宅の手法だった。さらに住宅・都市整備公団（当時）と民間が建設した住宅を買い取るという方法で公営住宅の建設が行われ、住宅・都市整備公団についてはまとまった規模での公営住宅建設の事業委託も行われている。すなわち、行政が直接建設に携わる建設型、民間企業または住宅・都市整備公団に建設を依頼し、その住宅を買い取る購入型、その住宅を借り上げる借上型という3つの方式で供給が行われており、兵庫県では最終的に新規に2万5421戸の公営住宅が建設された。内訳は建設型が1万4660戸、購入型が3,211戸、借上型が7,550戸となっている**27**。

住宅建設という観点からは効果的だった借上公営住宅だが、入居から20年が経過し、借上期間満了時の住み替えが問題となった。兵庫県・神戸市・西宮市がそれぞれ供給した借上公営住宅において住み替えが必要となり、高齢者や要介護者、障害者を家族にもつ住み替えが難しい世帯については、居住を継続するという措置がとられた。その一方、移転に応じない世帯に対して、行政が明け渡しを求めて提訴する事態も発生した。こういった問題は当初想定されていなかったと考えられる。というのもこの施策は、「特定借上・特定目的借上公営住宅等の建設支援」と呼ばれ、5年目に実施された評価では、公営住宅の用地確保が難しかった市街地部での公営住宅の提供に寄与したとされており、将来の明け渡しに対する懸念は指摘されていなかったからである**28**。

帰還先の用地確保

阪神・淡路大震災における公営住宅の供給でもうひとつのポイントとなったのが、元々住んでいた場所に戻りたいという希望への対応であった。郊外ではなくできるかぎり旧市街地に住宅を建設するために、市街地にある公有地を応急仮設住宅用地としては利用せず、応急仮設住宅を郊外に建設し、市街地の公有地を公営住宅地として確保した。また民間が建設する住宅を買い取るという方式も、民間業者が市街地の小規模な敷地にも住宅を建設したことが、市街地に公営住宅を確保するうえで有効に機能した。その結果、遠く離れた場所に移転する居住者もいたが、半数以上の居住者は震災前の居住地から3キロ未満、徒歩で1時間以内の場所の公営住宅に入居できている**29**。

また元のコミュニティに戻ることができるように、黒地地区では復興まちづくりと連携し、元の居住者が優先的に入居できる公営住宅（受け皿住宅）の建設も行われた。土地区画整理事業は、道路や公園といった基盤整備を行う事業であり、元々そこに住んでいた人の住宅確保を行う仕組みとなっていない。そこで、土地区画整理地域を含むエリアを「住宅市街地整備総合事業（住市総）区域」として指定することで、元の場所に、借家人も含む従前居住者が入居可能な公営住宅の整備を行うために国の補助金を利用できる仕組みを整え、市街地再開発事業、都市計画道路事業を行った地域も含めた受け皿住宅の建設が行われた。復興事業は完成までに時間がかかることから一般の災害復興公営住宅に入居し、優先入居資格を失った事例もあるが**30**、最終的に従前居住者向け住宅として3、363戸の公営住宅が市街地に建設された。

また従前居住者のための公営住宅整備と道路・公園といった都市基盤整備を同時に実施することが可能な住宅地区改良事業も行われた。液状化による被害を受けた尼崎市の築地地区では、地下水位を下げるために盛土が行われ、土地区画整理事業と住宅地区改良事業を組み合わせて復興まちづくりが進められた。住宅地区改良事業により従前居住者が住むことができる386戸の改良住宅が建設された。芦屋市の若宮地区でも住宅地区改良事業による復興まちづくりが行われており、自力再建を行う住民のための戸建て用の区画も設けたうえで44戸の改良住宅が建設された。

災害公営住宅の建設手法

住宅地区改良事業を利用した災害公営住宅の供給は、新潟県中越地震（2004年）でも行われた。この地震で大きな被害を受けた旧山古志村（現長岡市）では、元の場所もしくは近隣に、集落を再建するという方式で地域の復興が進められた。住宅再建については、ある程度の支援はあるものの、個人の負担で行う必要があるため、経済的・年齢的な理由で自力では住宅再建が難しい世帯もあった。そのため、それぞれの事情にあわせて住宅再建の方法が選択可能なように、集落を対象とした住宅地区改良事業である「小規模住宅地区等改良事業」を利用し、住宅再建を行う世帯の宅地と公営住宅（改良住宅）の整備が行われた。山古志村に建設された公営住宅は木造集合住宅で、地域の伝統的民家や豪雪地域での生活に配慮したデザインとなった。木造戸建ての公営住宅も建設されたが、これは当時、特例的な措置だった。

木造戸建ての公営住宅は能登半島地震（２００７年）の復興でも建設された。大きな被害を受けた輪島市では「自己所有地・戸建型公営住宅」という、元住んでいた土地に公営住宅を建設する仕組みが適用された。これは従前居住者が住むために公営住宅を建設する仕組みだが、公営住宅は、公有地に建設することが前提であるため、建設に際しては一旦、土地を市に寄付し、その上に災害公営住宅を建設するという形式で整備された。住宅の管理費用も必要となることから、将来的には所有者に払い下げることを前提としており、この制度を利用して４戸の公営住宅が建設された。２０２３（令和５）年現在、払い下げは半数にとどまっており、２戸は現在も公営住宅として利用されている。

阪神・淡路大震災の買取型・借上型、新潟中越地震、能登半島地震の木造公営住宅とその払い下げという蓄積の上に、東日本大震災の災害公営住宅の建設は行われた。岩手県５、７７１戸、宮城県１万５９２４戸、福島県７、８７８戸と東北三県だけで計２万９５７３戸の災害公営住宅が建設された[31]。これらは雲仙普賢岳、阪神・淡路大震災の経験を踏まえ、自治体が発注する直接建設に加えてＵＲ都市機構や民間企業が建設したり、自治体が買取り・借上げを行ったりするなど多様な形式で供給された。その多くは買取型である。阪神・淡路大震災で借上期間終了後の入居者の退去といった課題を踏まえ、借上型は少なくなっていった。

災害公営住宅と復興まちづくり

東日本大震災では、阪神・淡路大震災の3万8600戸に次ぐ3万戸近い災害公営住宅が提供されたが、従前居住者から、元々住んでいた場所の近くに災害公営住宅を供給してほしいという希望が多く寄せられる事態は阪神・淡路大震災の時ほど顕在化しなかった。それは被害のかたちの違いによるものであると考えられる。阪神・淡路大震災では地震の揺れと建物の耐震性能により被害がまばらに広がったのに対し、東日本大震災の場合は、津波により局所的かつ壊滅的な被害を受けており、阪神・淡路大震災の黒地地区のような被害が広域に点在することとなった。そのため東日本大震災で被災し、災害公営住宅に住めるのは、壊滅的な被害を受け復興まちづくりが行われる地域に住んでいた人に限られた。土地区画整理事業／津波復興拠点整備事業の場合は行政が買い取った土地に災害公営住宅を建設し、防災集団移転促進事業の場合は移転地の整備にあわせて災害公営住宅用地の整備が行われ、地域の復興事業と連動して建設された災害公営住宅に住むことができた。

一方、阪神・淡路大震災の場合、復興まちづくりが行われたのは火災により壊滅的な被害を受けた基盤未整備の地域に限られていた。これらの地域では受け皿住宅が整備されたが、それ以外の地域では地域を対象とした復興まちづくりは行われず、公営住宅は場所ではなく量を優先する「量としての住宅供給」の枠組みで進められた。そのため、先述のとおり、元々住んでいた場所の近くで公営住宅を見つけることが難しいという課題が発生した。逆に東日本大震災では、仮住まいで内陸に移転したため、元の場所に戻るのではなく移転場所で生活を続けたいという希望が寄せられ、岩手県ではそのような人のための災害公営住宅が内陸の都市に200戸程度建設された。

東日本大震災の災害公営住宅は、基本的に地域の復興まちづくりの枠組みに合わせて整備されているが、地域のまちづくりと連動し、整備された事例も存在する。宮城県気仙沼市の内湾《ないわん》地区では、生業の再建を支援するグループ補助金の仕組みを用いて商店を併設する住宅の再建にあわせて、建物の上層部に災害公営住宅を整備するという形式（第5章で詳述）や、災害公営住宅内部の階段や駐車場を利用して避難路の整備を行うといった取組みも行われた。

平成時代の災害公営住宅

東日本大震災では、さまざまな平面形態、配置計画の災害公営住宅が供給された。先述のように買取型が主流となっているが、設計・施工の契約においてもさまざまな仕組みが考案された。岩手県釜石市、宮城県七ヶ浜町といった自治体では、優れた提案を選定するプロポーザル方式による設計者選定が行われ、建築家の設計による災害公営住宅が多く供給された。新潟県中越地震のような地域性を反映したデザインの木造公営住宅や、地域の人との対話にもとづく住宅団地全体を含んだ災害公営住宅の計画提案、さらにはリビングアクセス（後述）のようなコミュニティと住宅をつなぐデザインなど、画一的ではないさまざまな公営住宅の提案が行われ、実現されている。

他方、復興期には建設需要が高まり、プロポーザルで設計案が選定されたにもかかわらず、施工業者が入札不調となる問題も発生した。そのため設計・施工を一貫して実施するデザインビルド方式による建設も行われ、全国で住宅建設を行っている住宅メーカーが公営住宅の建設に大きな役割を果たした。一方、東日本大震災の被災地の多くは高齢化が進む地域であり、木造戸建て公営住宅は、能登半島地震同様、払い下げも検討されているが、建設された公営住宅の将来的な利用をどのように考えていくのかが今後の課題として残されている。

平成の時代は住宅政策の変化に合わせ、災害公営住宅のデザインや供給の仕組みも変化することとなった表1。次節で詳述する阪神・淡路大震災の公営住宅では、その後の社会の高齢化を見据え、

表1　大規模災害における公営住宅の種別

	買取	借上	木造	払下
雲仙普賢岳噴火災害	—	○	○	—
阪神・淡路大震災	○	○	—	—
新潟県中越地震	—	—	○	—
能登半島地震	—	—	○	○

高齢者向けの公営住宅を整備するさまざまな試みが先駆的に行われた。また新潟県中越地震、能登半島地震では供給戸数が少なかったこともあり、地域特性に対応した形式で公営住宅の供給が進められ、さらには住宅再建支援の仕組みとして公営住宅が払い下げられる試みも行われた。東日本大震災における災害公営住宅の供給はこれらの集大成として位置づけられる。災害時の公営住宅供給は、阪神・淡路大震災では高齢者向け住宅の先駆けとなったように、次の時代の公営住宅のあり方に向けた試行でもある。東日本大震災のチャレンジとして、さまざまなデザインの災害公営住宅が供給された半面、継承者がいない公営住宅管理といった課題も残しており、その経験を平時の公営住宅供給にどう位置づけていくのかが問われる。

4 高齢化に対応する——シルバーハウジング、グループホーム

応急仮設住宅における高齢者対応

平成は災害の時代であると同時に、日本の少子高齢化が顕在化した時代でもあった。1997（平成9）年には65歳以上人口（15・7パーセント）が0〜14歳人口（15・3パーセント）を上回り、2015年には75歳以上人口（12・8パーセント）も0〜14歳人口（12・5パーセント）を上回

った32。こうした状況を踏まえ、平成の災害では先述のように「公」が提供する災害後の住まいにも高齢者への対応が求められるようになった。高齢者の生活に配慮し、生活を支援する応急仮設住宅、公営住宅が建設され、この実績はその後、高齢者向けの住まいに関する支援を先取りするものとなった。

阪神・淡路大震災では、学校の教室・体育館が避難所として利用され、その環境は高齢者にとって負担が大きかったことから、高齢者を優先的に応急仮設住宅に入居させるという措置が取られた。しかし、その結果として初期に完成した応急仮設住宅では入居者のほとんどが高齢者となる団地も発生し、お互いの助け合いが機能しないような状況が生まれた。阪神・淡路大震災の応急仮設住宅団地全体では、65歳以上の高齢化率は3割を超え33、その後、日本がたどることとなる高齢化社会を先取りするような状況が生じた。この震災では都市部の応急仮設住宅の入居者は抽選で決められ、元々住んでいた地域のつながりは失われていた。誰にも看取られずに亡くなる「孤独死」がマスコミの注目を集め、応急仮設住宅団地に自治会を設置、集会施設「ふれあいセンター」の設置や同センターでの活動支援、入居者の安否確認を行う巡回などが行われるようになる。

阪神・淡路大震災が先取りしたケア付き仮設

応急仮設住宅に住む高齢者の対応として注目されるのが、阪神・淡路大震災における「ケア付き仮設」と呼ばれるグループホーム型の応急仮設住宅である34。10～14戸の個人の独立した部屋に加え、中央に入居者が集まるキッチンやリビングルーム、風呂、トイレがあり、さらに24時間ケアを行う支援員が常駐する形式で、ヘルパーのための部屋も設けられた、夜間も含め常時1～2名の支援員が滞在するとともに、ボランティアによる支援も行われた。

このグループホーム型の応急仮設住宅は、当時宮城県知事であった浅野史郎氏により発案され、宮城県からの支援で建設されたものであり、尼崎・西宮・芦屋・宝塚4市に計13ヵ所建設された。入居対象者は認知症の高齢者に加え、虚弱高齢者、身体自立度の低い高齢者であり、認知症の高齢者以外の高齢者も対象とした小規模グループホームとして先駆的な試みだった。買い物、調理介助、お茶・おやつの提供、健康管理、掃除補助、入浴介助といった支援が行われていたが、自立して生活することが基本となっており、介助は必要な人に対してのみ支援を行うというものであった。現在ではサービス付き高齢者住宅やグループホームは一般的になっているが、認知症高齢者向けのグループホームが制度化されるのは1997（平成9）年で、ユニットケア型の特別養護老人ホームの補助金が設けられるのは2002年のことである。1995年の阪神・淡路大震災発災当時のケア付き仮設は前例のない取組みだった。

また神戸市では元々中心市街地に住んでいた高齢者が入居するために、2階建てで高齢者・障害者向けの応急仮設住宅が21ヵ所に建設された。1棟あたり8室から24室の個室と、共用部分としてキッチン、リビング、浴室・トイレを持つグループホームの形式であり、日中は入居者の支援を行うＬＳＡ（life support advisor）が置かれ、夜間は警備会社が対応に当たった。日中のみＬＳＡが滞在する形式の高齢者向け応急仮設住宅は西宮市と芦屋市でも建設され、先述の24時間ケア付きのタイプも含めて「高齢者・障害者向地域型応急仮設住宅」と呼ばれた。

応急仮設住宅の入居者の多くは災害復興公営住宅に転居し、震災から時間が経過する中でさらに高齢化が進む。災害復興公営住宅においても高齢者支援が課題となり、生活支援を行う仕組み、集まって住むスタイルが継続された。

尼崎市の「ケア付き」仮設住宅については、入居者は「一般の仮設住宅では生活できない高齢者」が対象となったが、特別養護老人ホームに入るレベルの従前居住者はいなかったことから、尼崎市では入居者ごと、従前と同様の24時間ケアを行えるふたつの「仮設グループホーム」（グループハウス尼崎）を建設し、入居者はその後、恒久的なグループホームに転居することとなった。このグループホームは、その後も新たな入居者を引き受け継続的に利用された。

集合住宅の中に入居者共用のＬＤＫを設けるという試みも、災害復興公営住宅に採り入れられ、これらは「コレクティブ住宅」と呼ばれた。しかし、共有スペースを使うか使わないかはまとめ役の人によって変化し、光熱費の負担も課題となった。また1階が高齢者施設、上階が公営住宅となっており、公営住宅部分についてはＬＳＡが巡回支援を行う「シルバーハウス」と呼ばれる災害復興公営住宅も建設された図5。

阪神・淡路大震災から15年が経過しても一般県営公営住宅の高齢化率が24・8パーセントで

あるのに対し、災害復興公営住宅の高齢化率は48・2パーセントである。そのため、災害復興公営住宅に対する特別な支援を止めることはできず、高齢世帯生活援助員（SCS）による巡回や、先述のLSAやNPO、地域コミュニティによる見守り活動が続けられた。

高齢化がさらに進んだ東日本大震災では

東日本大震災においても応急仮設住宅、災害公営住宅ともに入居者の中の高齢者の割合が高くなっている。応急仮設住宅には、一般の民間賃貸住宅を利用する賃貸型応急住宅（みなし仮設）と建設型仮設住宅があるが、自ら住宅を探すことが難しい高齢者は、最後まで避難所に残り建設型の応急仮設住宅に入居する事例が多かった。子どもが探してきた賃貸型応急住宅に入居した高齢者もいるが、支援が必要な人が集まって住んでいる建設型

図5 1階を店舗やコミュニティスペースに開放し、上階を住居空間とした「下駄ばき公営」と呼ばれる公営住宅（新長田駅南地区、筆者撮影）

仮設住宅に比べて、支援が届きにくいという問題も発生した。

岩手県遠野市では、阪神・淡路大震災のグループホーム型の応急仮設住宅をさらに発展させた応急仮設住宅団地が建設された。岩手県の内陸部に立地する遠野市は、地震により市庁舎が大きな被害を受けたにもかかわらず、災害直後から沿岸部の自治体の支援を行い、仮住まいについても東京大学と連携して津波で被災した沿岸部に住む被災者のための木造応急仮設住宅の建設を行った。高齢者と一般世帯がともに住めるようにデザインされ、一般世帯向けの住戸は独立性を保ち、高齢者のエリアは部屋を対面式にして屋根付きのデッキを設けることで交流が生まれる空間が設けられた。さらに高齢者のためのケアセンターも設置された。釜石市の中心部から少し離れた平田地区にもケアセンターを持つ応急仮設住宅が建設された。高齢者のゾーンと一般のゾーンを持ち、中心市街地から離れていることから、応急仮設団地内に商店やスーパーも併設された。

このように、東日本大震災においても応急仮設住宅における高齢者支援が大きな課題となったが、阪神・淡路大震災との大きな違いは「介護保険」の仕組みが東日本大震災では存在していたことである。介護に関する社会保険制度が２０００（平成12）年に施行されたことにともない、応急仮設住宅の居住者に対して福祉・介護サービスの仕組みを通じて支援を行うとともに、応急仮設住宅団地に設置されたサポートセンターを拠点として応急仮設住宅だけでなく地域全体の支援を行うことも可能となった。また入居者の見守りについては、緊急雇用促進事業を利用して雇用された生活支援相談員による見守り活動も実施され、阪神・淡路大震災の応急仮設住宅の教訓、さらにはその後の高齢者支援の経験を活かした対応が行われた。

東日本大震災では、災害公営住宅に居住する高齢者の支援も引き続き課題となったが、すでにシルバーハウジングのように、高齢者に対応した公営住宅のメニューが整備されており、平成の時代を通じて確立された高齢者支援の仕組みが利用された。平屋の木造災害公営住宅が多く建設されるとともに、中層の災害公営住宅においても、平面計画の面から入居者間のつながりが絶たれないような試みがなされた。例えば、居間を共用部分に面するように配置して入居者の気配を外からでも感じることができる、「リビングアクセス型」と呼ばれる平面タイプの災害公営住宅も建設された。また福島県相馬市では「相馬井戸端長屋」と呼ばれるグループホーム型の災害公営住宅が建設され、介護対応の浴室・トイレ、共用の食堂・リビングが設けられるとともに、入居者サービスとしてＮＰＯによる昼食の提供が行われた。

高齢者の支援を行ううえで重要なのは、地域との関わりをいかに維持するのかである。東日本大震災では津波で被災した沿岸部から地域全体が高台・内陸・盛土の上に建設された団地に移動したことから、公営住宅の集会所を入居者以外も利用可能とすることで地域との交流が生まれるように計画された。阪神・淡路大震災時にはめずらしかったＬＳＡも、公営住宅では一般的な仕組みとなり、東日本大震災の災害公営住宅でもＬＳＡによる支援が行われた。

阪神・淡路大震災の応急仮設住宅、災害復興公営住宅ではさまざまな高齢者対応がなされ、その経験はその後の公営住宅も含めた住宅政策に活かされた。東日本大震災では平成の時代の経験を経て確立された支援の仕組みを利用して応急仮設住宅、災害公営住宅での高齢者支援が行われた。またこれらの計画においては、高齢化社会の住宅を考える中で生まれたさまざまな新しい実践が見られた。東日本大震災では多くの災害公営住宅が建設されたが、現在も多くの高齢者が入居しており、その後の利用方法が課題となっている。ストックとしての災害公営住宅の利用方法として、シルバーハウジングやＬＳＡ用住宅、コレクティブハウジング、サービス付き高齢者住宅といった地域の福祉を支えるための施設としての再利用も検討されており[35]、人口が減っていく中で地域施設としての利用も踏まえ、公営住宅をどのように活用していくのかが喫緊の課題となっている。

5　持ち家の再建支援——公費解体

公費解体の背景

個々人の住宅は、私有財産であり公的な支援は実施しない、というのが１９９８（平成10）年に被災者生活再建支援法ができるまでの日本の災害後の住まいについての基本的な考え方であった。それまでは避難所での避難生活、住宅困窮者に対しては応急仮設住宅、低所得者に対しては公営住宅を提供するが、恒久的な住宅再建の支援については利子補給など間接的なものに限られていた。ただし、壊れた建物を解体した後のがれきの処理については、阪神・淡路大震災以前からも公費で実施されていた。がれきの収集・運搬・処分については1975（昭和50）年から国庫補助の制度があり、解体作業、および解体したがれきを道路に搬出するまでは個人負担となるが、搬出されたがれきの運搬・処理は公費による支援がなされていた[36]。しかし、阪神・淡路大震災では「損壊した家屋等のがれきについては、被災者の負担軽減を図るため」、「廃棄物は市町村が解体、処理、国はその費用の1／2を補助（解体に要する費用も含む）、自衛隊の積極的協力を得る」[37]という特例措置が講じられ、「建物の解体」も公費で行われることとなった。住宅の解体には数百万円程度必要であり、住宅再建についても実質的には公的支援を行うこととなった。倒壊して道路をふさぐ建物の撤去を迅速に行う必要があることも、公費を投じて解体が行われる背景にはあった[38]。

公費で解体された建物棟数は兵庫県で10万8126棟、大阪府で3，237棟[39]に及ぶ。阪神・淡路大震災時では、2，000万トンの災害廃棄物が発生しており、その内訳は、住宅・建築物系1，450万トン、道路・鉄道等公共公益系550万トンとなっており、災害廃棄物における解体された建物の割合は大きい。阪神・淡路大震災の公費解体により迅速に都市基盤の復旧が可能となったという評価[40]がある一方で、「一定の補修で居住空間としての暫定利用可能な建物をも取り壊し、地域の文化的蓄積を失うとともに、膨大な住宅需要をつくり出してしまったともいえる」41といった意見も存在する。

物理的被害程度の尺度

西宮市の公費解体データをもとに行った分析によると、大破建物の81パーセント、中程度の被害を受けた建物の51パーセント、軽微な被害を受けた建物の21・5パーセントが解体されている42。建物の「物理的被害程度」についてはさまざまな尺度があり、一般的に知られているのは行政が発行する罹災証明の被害程度である「全壊」「半壊」というものである。しかし、この尺度は建物の経済被害を測定しているもので、経済被害50パーセント以上を全壊、20パーセント以上を半壊とし、決して物理的に修理できるか、できないかを示した指標ではない。もうひとつ知られているのは応急危険度判定の「赤」(危険)、「黄」(要注意)、「緑」(調査済)という指標である。これらも余震の被害から命を守ることを目的にされるものであり、まったく被害がなくても隣の建物が倒壊して自宅に危険が及ぶ場合は「赤」(危険)という診断になる。

「大破」「中程度の被害」という基準は、日本都市計画学会関西支部、日本建築学会近畿支部都市計画部会の調査で利用したもので、「大破＝再使用不可／住める見込みが非常に少ない」「中程度の被害＝大幅な修理で再使用可能／大幅な修理で住める可能性あり」「軽微な被害＝軽微な損傷で使用可能／少しの修繕で住める可能性あり」となる。すなわち、西宮市では大幅な修理をすれば利用可能と判断された「中程度の被害」の建物の半数、さらに少しの修繕で住める可能性ありと判断された「軽微な被害」の建物でも2割の建物が解体されていることになる。一方で住める見込みが非常に少ないと判断された「大破」の建物でも、2割程度の建物が修理をされて使われていた。

しかし、この結果はあくまで公費解体された建物の物理的被害程度を示すもので、公費解体という制度が実際に修理可能な建築物を解体することを促進させたかどうかは不明である。各年の建物総数の中で、どれだけの修理可能な建物が解体されたのか（中程度の被害の解体棟数＋軽微な被害の解体棟数＋外見上被害なしの解体総数）を測る「修理可能建物解体率」の指標で見ると、古い建物ほど修理可能な建物が解体されている。1955（昭和30）年より前の建築物についてては建物総数が少ないことから一般的な傾向を見出すことはできないが、1955年以降についいては新しい建物ほど解体されていないという傾向があり、被災を契機に、物理的被害程度にもかかわらず古い建物を解体して建て替えるという判断が下されたことがわかる。阪神・淡路大震災では修理可能な建築物が多く解体されており、ある一定の程度の費用がかかる建物の解体が無料になることが、解体して建て替えるという判断を後押しした側面はあるだろう。

これをより一般的な「全壊」「半壊」という指標で見ると、大破＋中程度の被害が「全壊」に、軽微な被害が「半壊」に対応することがわかっており、全壊の67パーセント、半壊の21パーセント、一部損壊・無被害の5・5パーセントが解体されていたことになる。すなわち、全壊でも33パーセントは解体されず、一方半壊でも21パーセントの住宅が解体されていることがわかる。これを公費解体がどれだけ住宅需要をつくり出したのかという観点から見ると、もしすべての中程度の被害＋軽微な被害を修理した（解体しない）場合、新築住宅は8万棟以上減少し、軽微な被害を修理した場合でも約3万棟以上減少することになる。

国が建物の解体まで支援するのは、あくまでも阪神・淡路大震災での特例という位置づけである。実際、その後、2007（平成19）年に発生した新潟中越沖地震では、川口町（現長岡市）で公費での解体が実施されたが、この費用は町が負担している。住宅を再建するために被災した建物の解体費を公的に支援する仕組みができるのは1998年に被災者生活再建支援法が制定されて以降のことである。被災者生活再建支援制度の支援金は災害時の生活費用に充当する基礎支援金と住宅再建を支援する加算支援金から構成されており、加算支援金の使途として住宅ローンの利子に加えて、被災建物の解体費用が認められることとなった。能登半島地震（2007年）以降、加算支援金は住宅ローンの利子と解体に加え、住宅再建にも利用できるようになるが、解体費の支援は支援金により行うのが基本的な考え方であった。

しかし、東日本大震災では「人の捜索・救出、御遺体の捜索・搬出その他防疫・防火対策の必要性、社会生活の回復等のため、緊急に対処する必要性がある」ということで、発災直後の3月25日には「東北地方太平洋沖地震における損壊家屋等の撤去等に関する指針」が環境省から示され、国の予算で建物の解体・撤去が行われることとなった。またその後に発生した熊本地震（2016年）、さらには多くの災害においても基本的に国の補助金で解体が行われ、公費解体が実質的な標準《デファクト・スタンダード》となっている。

災害後の恒久的な住宅に関わる「私」に対する支援は、低所得者層を対象とした災害公営住宅の建設やローンの利子軽減といった対策に限られていたが、阪神・淡路大震災では住宅の解体に対する支援が行われるようになり、次章で詳述するとおり、最終的には被災者生活再建支援法により、「私」に属する恒久的な住宅についての再建支援も行われるようになる。すでに述べたように被災者生活再建支援制度の支援金を活用した個人住宅の解体がデファクト・スタンダード化しているが、南海トラフ地震では東日本大震災の10倍にも上る災害廃棄物が発生することが想定されている。再生できる住宅の解体を促進してしまう公費解体を、支援金の給付もある中で実施する必要があるのか、今改めて検討する必要がある。

注

1　中島直人「近代復興」とは何か」『建築雑誌』(128巻、1642号、2013年)所収、12ページ

2　牧紀男『災害の住宅誌――人々の移動とすまい』(鹿島出版会、2011年)

3　内閣府「災害救助法による救助の程度、方法及び期間並びに実費弁償の基準」(平成25年10月1日内閣府告示第228号)

4　内閣府「災害救助法による救助の程度、方法及び期間並びに実費弁償の基準」(平成25年10月1日内閣府告示第228号)

5　社会保障制度と災害時の支援が切り離されていくことがその後、大きな問題となるが、そのことについては第6章で検討する。

6　貝原俊民『大震災100日の記録――兵庫県知事の手記』(ぎょうせい、1995年)、81ページ

7　木村玲欧・林春男・立木茂雄・田村圭子「阪神・淡路大震災後のすまい再建パターンの再現――2001年京大防災研復興調査報告」『地域安全学会論文集』(3号、2001年)所収、23〜32ページ

8　第10回国会衆議院建設委員会第20号(1951年5月15日)建設技官鎌田隆男答弁

9　福井県「福井震災誌」(福井県、1949年)

10　中央防災会議災害教訓の継承に関する専門調査会「1990〜1995雲仙普賢岳噴火報告書」(2007年3月)、96ページ

11　内閣府(防災担当)「被災者の住まいの確保に関する取組事例集」http://www.bousai.go.jp/taisaku/pdf/sumai/sumai_5.pdf〔2019年4月17日閲覧〕

12　牧紀男「仮設住宅年表」『建築雑誌』(115巻、1450号、2000年)所収、42〜43ページ

13　内閣府「被災者の住まいの確保策に関する委員の意見整理」(検討ワーキンググループ参考資料)http://www.bousai.go.jp/kaigirep/kentokai/hisaishashien2/wg/pdf/ikenseirisankou.pdf〔2019年4月17日閲覧〕

14　会計検査院「東日本大震災の被災者を救助するために設置するなどした応急仮設住宅の供与等の状況について、会計検査院法第30条の2の規定に基づく報告書」2012年10月

15　内閣府「被災者の住まいの確保策に関する委員の意見整理」(検討ワーキンググループ参考資料)http://www.bousai.go.jp/kaigirep/kentokai/hisaishashien2/wg/pdf/ikenseirisankou.pdf〔2019年4月17日閲覧〕

16　新潟県「新潟地震の記録――地震の発生と応急対策」(新潟県、1965年)、212〜213ページ

17　青森県企画部県民課「青森県大震災の記録――昭和43年の十勝沖地震」(青森県、1969年)、303ページ

18　各都道府県知事あて厚生省社会局長通知「パイプ式組立住宅資材の管理及び処分について」(1968年)

19　静岡県「伊豆半島沖地震災害誌」(1975年)、30ページ

20　熊本県「熊本地震からの復旧・復興の進捗状況」(2018年4月16日)

21 桂英昭「熊本型デフォルト——応急仮設住宅計画」『建築時評』（009号、2016年）所収 http://touron.aij.or.jp/2016/08/2438（2022年9月確認）

22 日本建築学会「東日本大震災復旧復興地域まちづくりのための提言」（2012年11月15日）

23 中央防災会議災害教訓の継承に関する専門調査会「1990～1995 雲仙普賢岳噴火報告書」（2007年3月）

24 「第20回学術講演会報告、九州圏における災害復興と現在の居住」『都市住宅学』（80号、都市住宅学会、2013年）所収、54～61ページ

25 兵庫県住まい復興推進課「応急仮設住宅入居者調査結果速報」（1996年）

26 兵庫県まちづくり部「平成10年ひょうご住まいの統計」（1998年）

27 兵庫県まちづくり部「住まい復興の記録——ひょうご住宅復興3ヵ年計画の足跡」（2000年）

28 兵庫県まちづくり部「住まい復興の記録——ひょうご住宅復興3ヵ年計画の足跡」（2000年）、89ページ

29 兵庫県「災害復興公営住宅団地コミュニティ調査報告書」（2003年）

30 宮定章他「都市型災害時における従前居住者用賃貸住宅の入居プロセスに関する研究——阪神・淡路大震災復興土地区画整理事業（神戸市）の事例を通じて」『日本建築学会計画系論文集』（第77巻、第677号、2012年）所収、1673～1680ページ

31 「集合住宅の新しい文法——東日本大震災における災害公営住宅」『新建築』（2016年8月別冊、91巻、13号、2016年）所収

32 総務省「統計トピックス119号 統計が語る平成のあゆみ」（2019年4月26日）

33 神戸都市問題研究所生活再建研究会「震災復興と生活再建」『都市政策』（86号、神戸都市問題研究所、1997年）

34 三浦研他「ケアおよび会話分析に基づく入居者—職員の関係性と生活展開——小規模グループリビングに関する研究（その1）」『日本建築学会計画系論文集』（65巻、535号、2000年）所収、91～97ページ

35 復興庁「地域復興、暮らし支援への災害公営住宅ストックの活用のすすめ」（2020年）

36 各都道府県知事あて厚生事務次官通知「災害廃棄物処理の国庫補助について」（1975年2月18日）

37 厚生省「「兵庫県南部地震」におけるがれき等の災害廃棄物処理の取り扱い方針」（1995年1月28日）

38 兵庫県「阪神・淡路大震災復興誌」（第1巻、財団法人21世紀ひょうご創造協会、1996年）所収、216～217ページ

39 兵庫県「伝える——1・17は忘れない——阪神・淡路大震災20年の教訓改訂版」（兵庫県、2016年）、101ページ

40 吉川和広「都市基盤の復興の課題とあり方」『震災対策国際検証事業検証報告』（第5巻、兵庫県震災対策国際総合検証会

議、2000年4月）所収、230ページ

41 日本建築学会兵庫県南部地震特別研究委員会「被災地域の復興および都市の防災性向上に関する提言——阪神・淡路大震災に鑑みて（第二次提言）」（日本建築学会、1997年）

42 牧紀男、堀江啓、林春男「阪神・淡路大震災の公費解体と災害廃棄物——どのような物理的被害の建物が解体されたのか」『日本建築学会計画系論文集』（第81巻、第730号、2016年）所収、2723〜2729ページ

第4章

生活再建を支援する

持ち家の再建

これまで見てきたのは「公」が主体となって行う復興である。平成の災害でもまちを安全にし、災害で住宅を失い自分のお金では確保できない人に仮住まいや恒久的な住宅を提供する役割を「公」が果たしてきた。これが先述の「近代復興」の枠組みだった。しかし、これまで「公」が対象としてこなかった個人財産である住宅の再建や、阪神・淡路大震災の「白地地域」のように、災害以前にすでに都市基盤の整備が完了していたまちの復興のような、「公」が支援する枠組みを持たない、つまり「近代復興」が対象としてこなかったことが平成の復興では障壁となり、新たな課題となった。

こうした障壁の中でもとくに社会の注目を集めたのは「持ち家の再建」である。阪神・淡路大震災以前の１９９３（平成５）年の持ち家世帯の割合は全国で59・６パーセント[1]であり、日本の住宅は持ち家が中心となっていた。阪神・淡路大震災では46万世帯が全半壊の被害を受けており、「公」が住宅の提供を行う「公営住宅」の入居者や、「公」が都市計画事業を行う「黒地地区」に住む人は、被災世帯全体から見ると少数であり、大多数の被災者は「公」の支援を受けられなかった。

個人の生活再建の観点で被災直後の支援を考えると、困窮している人を助けることを指す「救恤《きゅうじゅつ》」という言葉が江戸時代からあるように、お救い小屋では被災した人に食料や一時的な居住の提供が行われていた。現在も「災害救助」という枠組みで支援が行われる。他方、平成の災害ではさらにその後の個々人の生活再建、とくに住まいの再建についてどのように「公」

が関わっていくのかが課題となった。本章では平成の災害において、第3象限「私／個」(27ページ)にあたる個人の生活再建への「公」の関わり方を見ていく。

1 災害救助から生活再建支援へ——災害救助法の枠組み

戦後の災害救助

食料や避難所、応急仮設住宅の提供といった被災後の最低限の生活支援は「災害救助法」により規定されている。この法律が制定されたのは第2次世界大戦直後の1947(昭和22)年であり、GHQ(連合国軍最高司令官総司令部)も関わって策定され、当時としては先進的な被災者支援の仕組みであったと言われる[2]。福井地震(1948年)が災害救助法適用の最初の事例であるが、福井地震の記録書には「世界一の内容を盛つたと云う我が国災害救助法は、昭和二十二年十月十八日公布実施されたばかりであったので福井震災はこの画期的法律の初の発動となったのである」[3]と書かれる。現在の社会状況に適合していないとしてさまざまな課題が指摘されるようになっているものの、「災害救助法」は第2次世界大戦後の状況下では世界最先端の生活支援の仕組みであった。

終戦直後は国土が荒廃していたことから自然災害も多く、そのたびに災害救助法にもとづく生活支援の仕組みを適用するかどうかについての判断が求められた。当時の適用基準となっていたのが、「全壊」「半壊」という「建物被害量」だった。災害救助法を適用するためには、人口に応じて基準となる被害量を超えること、例えば人口5千人の市町村であれば、住宅滅失世帯数40世帯（半壊は2世帯で1滅失世帯と換算する）以上の被害が発生していることが災害救助法の適用基準となった。現在も同じ基準であるが、被害が確定するまで救助法を適用しないといったことは行われていない。しかし、昭和の時代の災害対応においては「被災地が混乱しているため、災害救助法の適用基準である災害の規模がなかなか把握できず、5月16日21時にようやく八戸市の被害規模が判明したので、ただちに八戸市に対して災害救助法の適用をした」4（昭和43年十勝沖地震）とあるように最重要課題は、建物被害量を確定することであった。

災害救助法の適用基準が災害規模にもとづく点は平成になっても同様である。北海道南西沖地震（1993年）でも記録誌には次のように書かれており、災害救助法適用という目的で被害調査が行われている。「被害状況の把握は災害救助法等各種の災害関連法の適用の基準となっており、重要であることは承知している。しかし、大災害が発生した非常時において、何を最も重要な位置付けとして行動すべきなのか、もう一度考えてみる必要があると思われる」5。現在は、被災者生活再建支援法にもとづく生活再建・住宅再建支援の基準として利用される建物被害調査結果は、元々は災害救助法の適用のためのものであった。少なくとも平成の時代に発生した北海道南西沖地震までは生活再建支援の基準ではなかった。建物被害調査はあくまで災害救助法を適用するために不可欠な調査であるという認識だったのである。そしてそれ以前は、現在のように罹災証明の「全壊」「半壊」という基準が被災者の支援を行う統一的な基準として認識されていたわけでもなかった。住宅金融公庫による住宅ローンの貸付については被災地ごとに対応がさまざまで、『新潟地震の記録』によれば、新潟地震(1964年)では「新潟市および社団法人新潟県設計監理業協会の応援を得て県が認定作業を行う」[6]とあり、独自に調査を行ったことがわかる。また、宮城県沖地震(1978年)では、「災害直前の建物価格の五割以上の被害があった方が対象」[7]となった。

1998(平成10)年に被災者生活再建支援法が制定されるまでは、金銭の貸付を除くと、災害救助法が「公」によって被災生活を支援する唯一の仕組みであったが、建物被害調査の結果は義援金配分の基準としても利用されてきており、一方で厳密な建物被害調査を行わなかったことも問題となった。新潟地震では『新潟地震の記録』に次のような報告も載せられている。「新潟市は、全市の被害状況を知るために、当初は職員による各戸調査を始めたが、あまりにも被害地域が広範であるということからこれを被災者の申告制に切り替えた。(中略)ところが見舞金配分になって、驚きました。わずかな被害でも報告した方には相当額が来たのです」[8]。昭和43年十勝沖地震でも「青森県大震災の記録」では、「市町村によっては職員による被害調査もできず被災者の申告による方法をとり全壊・半壊などの判定もまったく被災者まかせのため、後日義援金の分配などについて問題を起こした市町村もあったことはまことに残念であった」[9]と書かれている。

被災者支援の基準として建物被害調査結果を利用するということが確立されていなかった阪神・淡路大震災でも同様の問題が発生した。阪神・淡路大震災の建物被害調査については、調査の目的が不明確なまま、義援金配分を早急に行う必要があるという世論に押され、災害援護資金貸付のために被害を証明するものがほしいという市民からの要望もあってさまざまな理由で行われ[10]、住民からの申告にもとづき罹災証明を発行し、混乱が発生した尼崎市のような事例[11]も存在する。このように阪神・淡路大震災までは、罹災証明は被災者支援のための統一的な基準という位置づけを持つものではなかった。

罹災証明が果たした役割

被災した人に対する支援を行うための罹災証明の発行や、罹災者台帳の整備には長い歴史がある。関東大震災でも罹災証明が発行されており、当時の証明書類には「右罹災者タルコトヲ証明ス」と書かれている図1。現在の罹災証明とは異なり被害程度は記載されておらず、世帯主と同居家族の名前が記載されており、震災から4日後の1923(大正12)年9月4日に発行されている。戦時中の空襲の被害でも罹災証明は発行されており、焼け出された人に対する炊き出しなどのための支援台帳として利用されていた。災害救助法適用の第1号となった19

４８（昭和23）年の福井地震では「釘を交付したときは、罹災証明書裏面に「釘〇キロ交付済」印（責任者の印）を必ず記入すること」というように、どういった支援を受けたのかを記録する現在の被災者台帳のような役割を罹災証明書が果たしていた。チリ地震津波（１９６０年）においても罹災台帳が作成され「昨日報告したように総員約30名の職員が各戸に亘って調査し今朝午前3時に出来上がりました。この台帳が配給物資の基礎をなすものであります。相当綿密な調査をしました」**12**という記述がある。そして、新潟県中越地震（２００４年）以降の実践を踏まえ、東日本大震災後の災害対策基本法の改正で被災者台帳の作成等に関する規定（第90条の3、第90条の4）が設けられ、罹災証明が被災者支援の基準として正式に位置づけられるようになる。

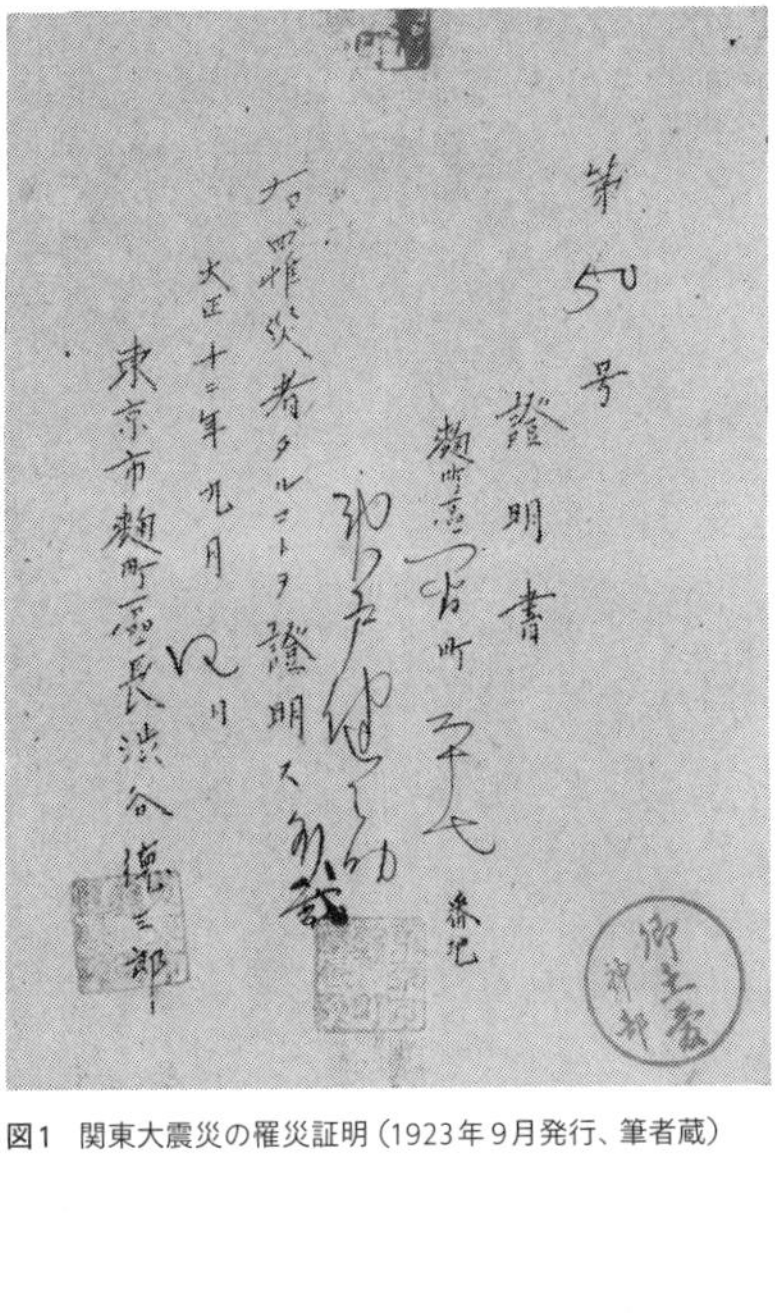
第50号
證明書
右罹災者タルコトヲ證明ス
大正十二年九月
東京市麹町区長渋谷徳三郎

図1 関東大震災の罹災証明（1923年９月発行、筆者蔵）

生活再建支援の萌芽

「災害救助法」が対象とする災害後の生活支援は仮住まいまでであり、その後の支援については復興計画に書かれることになる。伊勢湾台風（１９５９年）と新潟地震の復興計画では、被災した人に対する生活支援について「民生」「厚生」という項目が立てられたが、おもな支援内容は先述の公営住宅の提供であり、あくまでも「低所得者に対する対策」であった。

現在のように被災した人全般にわたる生活再建の必要性が着目されるようになるのは、三宅島噴火災害（１９８３年）以降のことである。この噴火災害で大きな被害を受けたのは溶岩流によって住宅が焼失埋没した阿古地区であった。阿古地区復興計画の大部分は、焼失埋没した地区の防災集団移転、住宅地の開発、学校の再建といった「物理的復興」に関わるものだったが、計画の中には、これまでの復興計画では見られなかった「生活再建」「活性化対策」という言葉が使われるようになる。「生活再建」は「1、復興資金の調達とその活用」「2、産業振興と基盤整備」「3、高齢者・後継者対策」という項目で構成されており[13]、溶岩流で住まいと生業を失った人々の自立再建をどのように支援していくのかが復興目標として取り上げられるようになった。

現在は「全壊」「半壊」という建物の被害程度に応じて「公」が「私」の住まい・生活の再建支援を行っているが、昭和から平成の初めまでは、すでに述べたように「全壊」「半壊」という基準は災害救助法を適用するために利用されてきた。被災者台帳が作成され、「全壊」「半壊」という基準で支援も行われていたが、「公」ではなく「私」から寄せられた義援金の配分のためだった。そもそも「公」が「私」に対して行う支援は限定的であり、「全壊」「半壊」という基準が被災した人の支援の統一的な基準ではなかった。例えば応急仮設住宅の入居者に該当する被災程度は「住家を滅失した」という基準となっている。

「個」に対する支援は応急期だけに限定されていたが、1980年代ごろから次第に復興期も対象となりつつある。復興計画に「生活再建」という項目が立てられ、支援の仕組みとして制度化には至っていないが、検討の対象にあがるようになる。昭和の時代の終わりごろには、それまで「民生」の下に低所得者を対象としていた被災後の生活再建支援が、被災した人全体を対象に生活、住まい、生業の再建を支援する必要があると考えられるようになっていた。そうした中、平成に入って雲仙普賢岳噴火災害、北海道南西沖地震という大きな被害をともなう災害が立て続けに起こる。

2 義援金と基金による生活再建支援――雲仙普賢岳噴火災害、北海道南西沖地震

復興基金の端緒

三宅島噴火災害に続き、雲仙普賢岳の噴火災害（1991年）でも生活再建が課題となる。火山の噴火災害では火山活動が沈静化するまでに時間がかかることから雲仙普賢岳の噴火災害により大きな被害を受けた自治体では、火山活動が収束しない中、1993（平成5）年から復興に向けた取組みが開始される。火山活動が続く中で策定された復興計画であり、すぐに実施する「緊急対策」と噴火活動の沈静後に実施する「長期構想」の2段構えの復興計画となっていた。計画の柱は「生活再建」「防災都市づくり」「地域の活性化」であり、三宅島噴火災害に引き続き「生活再建」「地域の活性化」が復興課題となる。しかし、災害対策基本法にもとづく日本の復旧対策は公共施設の復旧を主眼とするものであり、生活再建、地域の活性化などを支援する仕組みとはなっていなかった。雲仙普賢岳の噴火災害からの復興を進める財源となったのが「基金」と「義援金」であった。

長崎県は「雲仙岳災害対策基金」14（以下、雲仙岳基金）を設立し、被災者の生活再建と地域の活性化を支援するための事業を立ち上げた。各事業に使われた費用は、生活再建支援に関わる事業が約86億円、地域の活性化、なりわい支援に関わる事業が約120億円だった。この雲仙岳基金の仕組みが端緒を開き、その後、阪神・淡路大震災以降の平成の復興においても活用さ

れ、重要な役割を果たすようになる。

雲仙岳基金の仕組みは、基金が県から無利子で受けた融資を銀行に預け、その利息を用いて生活再建支援・復興に関する事業を支援するというものである。県は起債（地方債）をし、基金に融資するための原資を確保する。起債の利子は国から補助される仕組みとなっている。あえて手間がかかる基金を立ち上げて事業を行うのは、基金が使うお金は、税金ではなくあくまでも「利息」であり、これにより税金を投じることは難しい個人の住宅再建の支援を行うなど、被災地の課題にあわせて臨機応変に事業を実施するためだった。普賢岳基金は県からの融資をもとに運用される災害対策基金と、義援金をもとに運用される使い切りの義援金基金から構成される。この基金によって最終的に災害対策基金1、000億円から得られる利息と、義援金基金60億円を合わせて総額274億円あまりの事業が行われた。

復興基金による住宅・生活再建支援

雲仙普賢岳の噴火災害の場合、住宅を再建するために基金から、住宅再建費として各世帯に550万円（普賢岳基金＋市町の基金）、家財の購入費として最大150万円（普賢岳基金＋市町の基金）、移転費用の計705万円が補助され、さらに使途は限定されない義援金が450万円配分され、被災して住宅を失ったとしても再建資金として基金による補助金と義援金を合わせて1、150万円が給付された。

地域の活性化については次章で議論を行うが、雲仙普賢岳の噴火災害からの地域の復興が本格化するのは復興元年と呼ばれる1996（平成8）年以降のことであり、1997年には「島原地域再生行動計画（がまだす計画）」と呼ばれる復興計画のアクションプランが策定される。「がまだす」とは島原地方の方言で「がんばる」のこと。この計画は噴火災害を受けた島原半島全体の地域の活性化を目的としたものである。雲仙岳基金は「がまだす計画」を推進するための事業にも利用された。雲仙岳基金は、大規模火砕流により人的被害が発生し、警戒区域が設定され応急仮設住宅での生活が始まる1991年に設立されるが、基金を扱う組織が廃止されるのは、「がまだす計画」策定から5年後の2002年のことであり、避難生活期、その後の復旧・復興期を通じて11年にわたって復興事業を支えた。

1993年の北海道南西沖地震で被害を受けた奥尻町の復興計画も、雲仙普賢岳同様、「生活再建」「防災まちづくり」「地域振興」という3つの目標から構成されるものであった。ここでも基金が大きな役割を果たしており、「災害復興基金」が大きな被災を受けた奥尻町・大成《たいせい》町《ちょう》・瀬《せ》棚町《たなちょう》・北《きた》檜《ひ》山町《やまちょう》で設置された。

北海道南西沖地震では多くの義援金が寄せられた。一般的に義援金は被災した人に配分されるが、多くの義援金が寄せられたため、被災した人に配分する分に加えて復興基金の原資としても利用され、北海道南西沖地震の災害復興基金は雲仙岳基金とは異なり、地方債の発行は行わず義援金のみを原資として設立された[15]。この基金は昭和の復興支援の枠組みではカバーできない個人の住宅再建、生業の再建、さらには災害の記録といった復興事業の推進に利用された。奥尻町の「災害復興基金」は総額126億円で創設され、うち住宅再建支援を含む生活再建支援に約42億円、生業の復興支援に約52億円、その他に約32億円が支出された[16]。奥尻町の場合、復興基金から住宅再建支援800万円＋家具家財購入支援150万円＋土地購入助成100万円、さらに義援金の配分として300万円の最大で計1、350万円[17]が支払われ、復興基金と配分された義援金による多額の住宅再建支援が行われた。復興基金の運営、支援金・助成金の配分、基金に組み込まなかった義援金の配分について、「公」は大きな役割を果たした。

平成の時代の災害の幕開けとなった雲仙普賢岳噴火災害と北海道南西沖地震は大きな被害をもたらした災害ではあったが、全半壊世帯数はそれぞれ727世帯（雲仙）、1、032世帯（北海道南西沖）に留まった。しかし、ひとり当たりで割ると義援金は大きな金額となり、生活再建を支えた。生活再建支援が復興課題となっている状況で、「私」から寄せられた義援金を頼りつつ、住宅再建のための支援金を「公」が分配するということが平成の初めに発生した災害で行われた。一方、その後の阪神・淡路大震災では総額1、793億円の義援金が寄せられたが、被災世帯数が約46万世帯にも及び、義援金だけでは住宅再建について十分な支援を行うことができず、生活再建に対して公的な支援がないことがより切実な課題となる。

3　復興基金で生活再建支援に取り組む——阪神・淡路大震災

被害者復興支援会議の設置

阪神・淡路大震災では約46万世帯の住宅が全壊・半壊するという被害が発生した。「近代復興」の中心的な位置づけとなった、「公」による安全な都市づくりが行われた「黒地地区」は被災地全体の3パーセントであり、4万戸近い公営住宅が供給されていたが、全半壊世帯数の1割にも満たない戸数だった。「近代復興」の枠組みでの「公」による支援の対象者は少数だったのである。雲仙の復興では「公」が警戒区域を設定し、被害の有無にかかわらず転居せざるをえない状況となったこともあり、「公」が設立した基金と、「私」から寄せられた義援金を合わせて住宅再建のために「公」が資金を分配するということが行われた。北海道南西沖地震では「公」の資金は用いられなかったが、義援金を「公」が配分するという形式で住宅再建の資金が提供された。しかし、阪神・淡路大震災では義援金の1世帯あたりの配分額は数十万円程度であり、地震保険の加入率も低く、住宅再建を含む生活再建に対して支援の枠組みがないことが社会的課題となった。

災害救助法の枠組みでは、自らの資力では住宅を確保することができない人々、具体的には生活保護受給者や、母子家庭といった生活困窮者を対象としていた応急仮設住宅に、阪神・淡路大震災では「希望するすべての被災者」という方針の下で5万世帯近い人が入居し、被災した人々に関する課題、とくに生活再建に関する課題が応急仮設住宅団地で凝縮して現れることとなった。生活再建支援は三宅島の噴火災害（１９８３年）から復興課題となり、雲仙普賢岳噴火災害、北海道南西沖地震でも注目されたが、阪神・淡路大震災のような大都市で大規模に対応する事例は初めてだった。

被災者の中でそもそもどういった問題が発生しているのかを知り、どういった対策が可能かを検討することから阪神・淡路大震災の行政による生活再建支援は始まった。兵庫県は行政と専門家で構成する被災者復興支援会議（以下、支援会議）を設置し、対策を進めていった。この組織は、被災者と行政をつなぐ第三者機関と位置づけられ、メンバーは福祉、雇用、まちづくり、ボランティアなどの専門家が集った。行政側からも生活再建に関わる課題を担当する職員がプロジェクトチームとして加わり、生活再建支援に関する対策が進められていった。会議メンバーや行政職員が頻繁に応急仮設住宅団地などに出かけて住民の意見を聞く、「移動いどばた会議」といったアウトリーチ活動を行い、現地でのヒアリング結果をもとに必要な対策について提言をまとめた。専門家や行政も含め、社会にとって初めての経験であることから、時間の経過とともに次々と新たな課題が顕在化し、提言の内容は応急仮設住宅の環境改善や自治会の設置、県外被災者への支援、健康対策、復興まちづくり、住まいの再建、応急仮設住宅団地の閉鎖、復興の進め方、災害復興公営住宅、産業の再建、転居先での生活まで内容は多岐にわたった。提言内容はプロジェクトメンバーとして参画している行政職員により施策化され、後述する復興基金を利用して実施されていった。例えば、現在は応急仮設住宅に当然のように設置される集会所であるが、阪神・淡路大震災では設置されていない団地も存在し、支援会議は集会所の設置を行うべきと提言し、その提言にもとづき集会所の追加設置が行われた。支援会議は3期10年にわたり活動を継続し、復興の経過にともない変化する課題に対して提言を行い、これにもとづき対策が実施されていった。

復興基金の運用

支援会議の提言を実行するための財源となったのが阪神・淡路大震災復興基金（以下、復興基金）である。「近代復興」の枠組みでは、災害後の生活再建は個人の努力に委ねられており、「公」が「私」の生活再建の支援を行うというのは、これまで経験がなかった。そのため、何が課題となるのかもわからず、前年度から予算化して対応することが難しく、その結果、被災した市民・事業者の個別ニーズに随時対応する必要があった。次々と顕在化する課題に臨機応変に対応するための予算として復興基金が利用された。復興基金は普賢岳基金と同様の仕組みであり、兵庫県と神戸市が金融機関からの借入れにより資金を調達し、基金に無利子で貸し付け、金融機関の持つ貸付債権を基金が買い取ることにより、県と市が金融機関に支払う利息を基金が受け取って事業資金に充てるというものである図2。銀行から借り入れる際に発生する利子は、政府が補填するが、基金の財産をすべて借入れにより賄ったわけではなく、県と市は、独自に基金のために約９００億円を拠出した。行政の予算執行の場合は議会の承認が必要となるが、基金の運用により捻出された利息を事業に使う仕組みであり、行政予算と異なり、臨機応変に使うことが可能な財源だった。

復興基金は、変化する被災地のニーズに応じて機動的に、さらに長期にわたって安定的に復興の支援を可能とする仕組みとなった。１９９５年度から２０２０年度までの26年間、住宅、生活、産業、教育など１１９事業に約３、６４６億円が充てられ、被災者支援や被災地の再生に活用された[18]。行政の予算と違い、復興基金の執行には議会によるチェック機能が存在せず、支援会議の提言を実現するかたちで利用される。被災者と行政をつなぐ第三者機関である支援会議がチェック機能を果たしていると考えられる。支援会議と復興基金は、阪神・淡路大震災の生活再建支援を進め

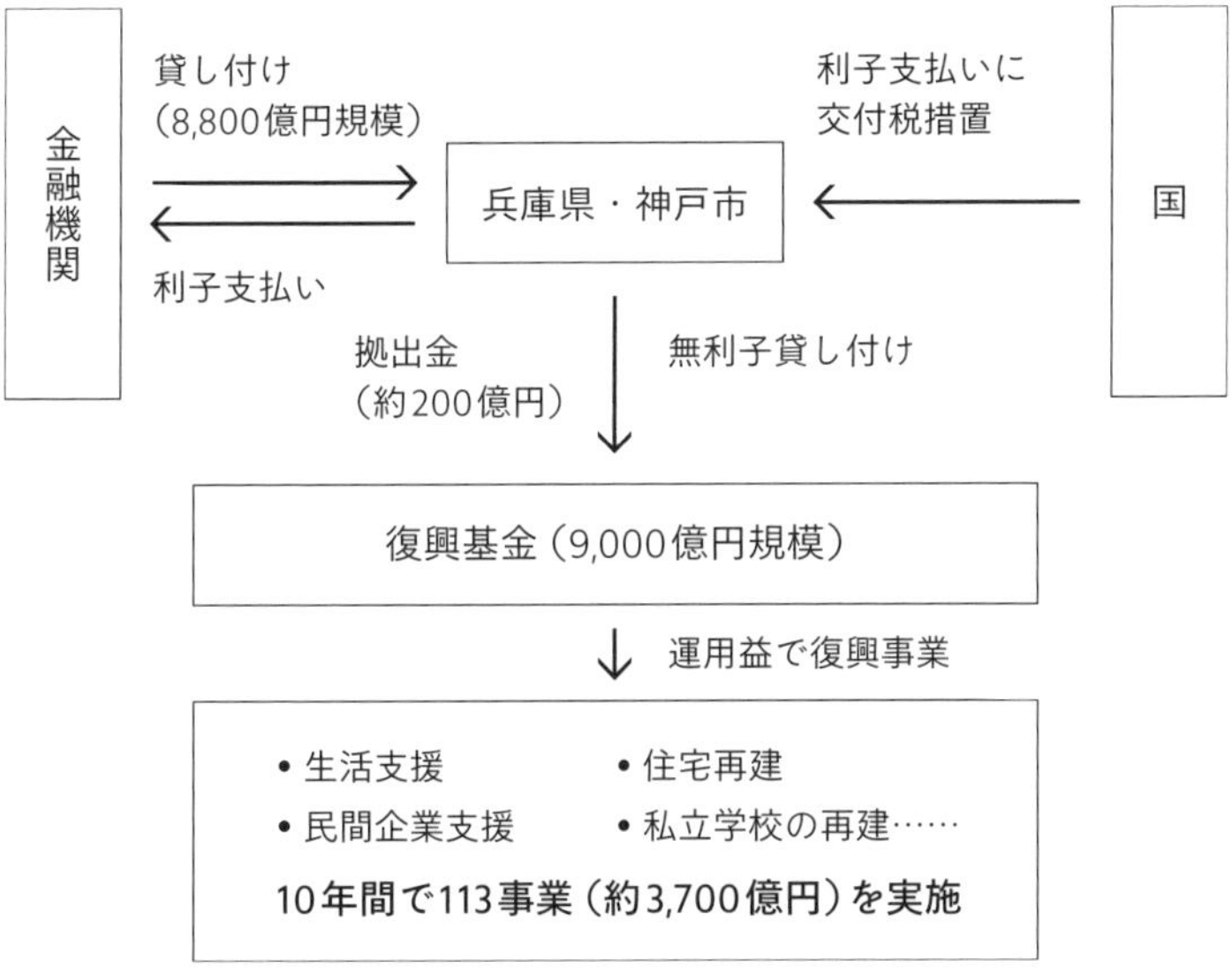

図2　阪神・淡路大震災における復興基金の仕組み（日本経済新聞2011年4月1日版をもとに作成）

る両輪として機能した。

この復興基金の仕組みを通じて実質的な生活再建支援に関わる給付が行われた。阪神・淡路大震災ではほかの災害と比べて義援金の配分が少なく、生活再建資金を確保する手段としては「災害弔慰金の支給等に関する法律」にもとづく「災害援護資金」の融資だけだった。これは1973(昭和48)年に制定された制度で、最大350万円までの融資を受けられる仕組みだが、所得制限があった。阪神・淡路大震災では中間所得者を対象とする貸付制度がないことが問題となり、震災から2年後の1996(平成8)年12月に復興基金を用いて「生活復興資金貸付制度」が創設された。これは民間の銀行と連携した生活復興のための資金の貸付制度であり、全半壊以上の被害を受けた世帯を対象に、返済期間を6年もしくは7年とし、復興基金で利子負担・貸倒金の担保が行われ、無利子で融資を受けることができた。当初100万円が限度額だったが、5ヵ月後の1997年4月には300万円に増額された。この貸付制度は3万件もの世帯に利用され、82億円の復興基金が使われた。

低所得者だけでなく中間層に対する貸付制度が創設され、最終的には生活再建に関する支援金の給付制度も創設される。震災から2年後の1997年4月に、高齢世帯・要援護世帯に月2万円(複数人世帯の場合)を給付する「生活再建支援金制度」が復興基金を用いて立ち上げられ、さらに中高年世帯も子どもの教育費や親の支援などもあり、生活再建がたいへん困難な状況であることから、翌月には中高年世帯に対象を拡大した「被災中高年恒久住宅自立支援金制度」が創設された。給付対象は住家が全壊（焼）、又は半壊（焼）の判定を受け解体した世帯だった。支援金は直接給付された。こうした措置が講じられた背景には、自然災害によって被災した人の生活再建、さらには住宅再建の支援を行うための生活再建支援法の制定が進められていたことがある。

阪神・淡路大震災後、自然災害で住宅を失った人に対する支援がないことが市民団体、政府の検討会議、知事会で課題として取り上げられ、阪神・淡路大震災の被災者に対する支援制度の創設をめぐってさまざまな法案が提出される。そして震災から約3年後の1998年4月に与野党6党の共同提案として「被災者生活再建支援法案」が提出され、5月に可決された。この法律にもとづき支給される支援金は、都道府県が相互扶助の観点から創設する基金とし、この基金から支援金を支給する仕組みとなっていた。政府は支給額の半額を補助するかたちで、建前上は基金という枠組みとなっている。

曖昧な支援

しかし、被災者生活再建支援法にもとづく支援が最初に行われたのは、平成11年6月豪雨（1999年）で被災した広島県だった。阪神・淡路大震災の被災者に遡及適用されることはなく、阪神・淡路大震災では「被災者に対し、1日も早く恒久住宅に入居し、生活再建ができるよう、被災地の復興基金事業として実施されている生活再建支援金などを含めて、本法の支援金に概ね相当する程度の支援措置が講じられるよう国は必要な措置を講ずること」という付帯決議を踏まえ、「生活再建支援金」「被災中高年恒久住宅自立支援金」のふたつの制度を統合し、所得と年齢要件に応じて37・5万円～150万円の支給を行う「被災者自立支援金制度」が設けられた。復興基金という直接税金で賄われる行政の予算の枠組みではないが、実質的に生活再建という「個」の災害後の再建を「公」が支援するということが、雲仙普賢岳の噴火災害でも義援金との組み合わせで一部実施され、さらに阪神・淡路大震災でも、生活再建支援金という枠組みがつくられた。

阪神・淡路大震災の生活再建支援を通じ、支援の対象が低所得者から中間所得者へ拡大し、住宅再建に対する直接的な支援ではなく「生活再建を支援する」という枠組みで個人に対する直接的な支援が行われるようになっていく。しかし、所得制限は残されており、雲仙の場合、家財の購入を含む住宅再建に対する支援（住宅550万円、家財150万円、移転助成5万円）は明確になっていたが、阪神・淡路大震災の支援金は「生活再建」「自立」に対する支援金であり、私有財産である住宅への直接支援は曖昧なままだった。

4 被災者生活再建支援法とその運用

最初の公的住宅再建支援

すでに述べたとおり、阪神・淡路大震災後、生活再建に対する支援がないことが問題となり、1998（平成10）年に被災者生活再建支援法が制定された。しかし、当初、支援金は住宅再建のためには利用できず、使途は家財道具などの購入に限定されていた。これは家財道具などを購入した領収書を提出し、上限100万円まで支援金を支払う仕組みになっており、受け取る側、支払う側にとってもたいへんな手間のかかるものとなった。また現在の被災者生活再建支援法では所得制限はなくなっているが、当時の対象は全壊世帯かつ年収500万円以下（世帯主が45歳以上の世帯は700万円以下、世帯主が60歳以上の世帯は800万円以下）となっていた。

そうした中、2000年に鳥取県西部地震が発生した。被災者生活再建支援法が適用となり、全壊世帯366世帯に対して支援金の支払いが行われたが、支給対象は生活に必要な家財購入費・移転費をカバーする通常経費、エアコン・学習机・賃貸住宅入居時の礼金など、世帯の状況に応じた特別経費に限られており、住宅の再建に利用できないことが問題となった。被害を受けた地域の中には人口減少が進む中山間地域もあり、住宅再建ができなければ、さらに人口減少が進むことが予想された。そこで鳥取県は独自に住宅再建・修理を支援する制度を創設した。その目的は「被災者が生活基盤として中核をなす住宅の再建を速やかにおこない、地域の活力を失うことなく、（中略）、地域の維持再生に資するため」[19]とされている。全壊・半壊といった被害の程度は問わず、被災した住民には同じ市町村に住宅を建設することを条件に、住宅を新築した場合は300万円、補修した場合は150万円が支払われた。米子市では液状化の被害が発生したため、液状化被害の復旧工事を行った場合は150万円が支給される仕組みとなっていた。国レベルでは、まだ私有財産である住宅の再建を税金で支援することは認められておらず、県・市町村が独自に費用を負担して支援が行われた。この制度の利用件数は建設が296件、修理が6,427件、液状化復旧が188件であった。

居住関係経費の創設

2000（平成12）年の鳥取県西部地震では県独自の制度で住宅本体の再建支援が行われたが、1995年の阪神・淡路大震災では生活再建という言葉で曖昧にされてきたのが、「公」による住宅本体の再建支援であり、平成の復興における残された大きな論点だった。被災者生活再建支援法制定時の付帯決議で、施行後5年を目途に、総合的見地にもとづき必要な措置を講ずることとなっており、2004年に法律の改正が行われた。住宅本体を支援対象とすることに、国会議員・財務省の納得を得ることが難しい状況にあり[20]、この時は住宅本体ではなく解体費用・整地費用・ローン利子の補助といった住宅再建に関連する費用を支援する「居住関係経費」を最大200万円支援するという改正が行われた。これは依然として支出した費用を積み上げ形式で支援する実費支給だったが、居住関係経費が創設されたことにより支給額の上限は300万円に引き上げられ、さらに対象世帯は、大規模な補修を行わなければ居住が困難な大規模半壊世帯（40パーセント以上の経済被害）にまで拡大された。大規模半壊世帯の場合は、生活関連経費100万円、居住関連経費100万円の最大200万円が支給される仕組みとなった。

2004年の改正時にも4年後を目途に見直しを行う旨の付帯決議がついており、2007年に改正が行われ所得制限がなくなるとともに、手続きに領収書の添付が不要となり、実質的に住宅本体の再建に対して利用することが可能となる。2007年の改正により、阪神・淡路大震災以来の懸案であった「私」の財産である個々の住宅本体の再建を「公」が支援するという仕組みが確立される。ただし、先述のように支払いは「基金」の形式をとっており、被災者生活再建支援制度の支援金の支払いは、都道府県が拠出した基金600億円と、都道府県が支出した支援金の50パーセントに相当する額を国が補助するという仕組みで成り立っている。しかし、大規模災害時には基金が不足するような事態も懸念され、実際に東日本大震災では国の補助率が80パーセントに引き上げられた。他方、法律の見直しの前に発生した2007年の能登半島地震（3月25日）、同年の新潟県中越沖地震（7月16日）では遡及適用されることはなかったが、各県が基金を立ち上げ、2007年の改正後と同等の支援が行われた。

建物被害認定基準の役割

「公」が住宅再建支援を行うことになり、問題となったのが被害程度である。２００７（平成19）年当時、被災者生活再建支援制度の支援金給付の対象は全壊、大規模半壊であり、「公」的な資金を元手に最大３００万円の支払いを行うことから、精緻な被害調査が求められることとなった。正確に建物被害認定を行うということは、阪神・淡路大震災において復興基金を原資とした支援金が全壊・半壊を対象に支払われるようになった時からすでに問題となっていた。先述のように、元々は災害救助法適用のための基準である。以前から民間より集められた義援金の配分基準、また所得制限がある災害援護資金の貸付基準として全壊・半壊という基準が利用されることはあったが、復興基金という名目であるにせよ、公的な資金の給付の基準として利用されることはなかった。

阪神・淡路大震災では全壊（焼）の「判定」の世帯、半壊（焼）の「判定」で住家を解体した世帯が「支援金」の給付対象となった。当初の建物被害調査実施時には「利用目的が明確ではなかった」**21**罹災証明が、阪神・淡路大震災では生活再建支援の基準として重要な役割を果たすこととなった。そして、東日本大震災後の災害対策基本法の改正で、「罹災証明」は条文に「市町村長は、（中略）、遅滞なく、住家の被害その他当該市町村長が定める種類の被害の状況を調査し、当該災害による被害の程度を証明する書面（次項において「罹災証明書」という）を交付しなければならない」（第90条の2）と規定されるが、それまでは、罹災証明の交付は地方自治法第2条に定める自治事務として発行されてきており、通常時も火災による被害を受けた場合に消防で交付されている。

被災者生活再建支援法が制定される1998年以前、生活再建支援に関わる唯一の公的な仕組みであった災害援護資金の貸付についても被害基準については政令により定めるとされており（災害弔慰金の支給等に関する法律、1973年）、全壊・半壊という用語は使われていない。法律の条文に全壊・半壊という言葉が記載されるのは、被災者生活再建支援法の被災世帯の定義として全壊・半壊といった用語が使われるようになって以降のことであり、支援の基準となるのにともない、全壊・半壊という建物被害認定結果が次第に重要な意味を持ち、さらに正確さが求められるようになった。他方、建物被害の認定基準・調査方法についての議論には長い歴史がある。

被害認定調査の変遷

戦後間もない時期に発生した昭和27年十勝沖地震時にはすでに被害認定についての課題が指摘されており、認定基準が省庁ごとに異なることが問題となった。「北海道十勝沖震災誌」（1953年）には「災害調査に当たって、建造物の被害区分、判定基準が不統一であることは、実況の把握に困難を来し、一貫的な処理をするためにも、中央において、統一する措置を講ずる必要を強く感ずる。大きな災害の場合多数の調査員によって短時日のうちになされるから、この判定の基準を出来るだけ容易に、しかも適切な判断が下せるように定義づけておくことが必要と考えられる」22とある。その後「災害の被害認定基準の統一について」（1968年）という通達が発出され、厚生省・消防庁・警察庁・建設省という省庁間で被害認定基準が統一され、全壊は損失割合が50パーセント以上、半壊は20パーセント以上と定められる。また、調査を実施する際に重要になる建物被害調査票の整備も昭和の時代から行われてきており、チリ地震津波（1960年）では岩手県大船渡市において罹災調査に調査カードが利用された。日本海中部地震（1983年）における秋田県能代市の調査票には現在の調査表と同様、調査基準が明確に記載されているとともに、各部位の損傷割合の基礎となる工事費も詳細に記載されている。

そして、阪神・淡路大震災では建物被害調査結果が支援金給付の基準として利用されることになるが、震災から5年後に兵庫県が実施した「阪神・淡路大震災　震災対策国際総合検証事業」で建物被害認定方法に関する課題が指摘されるようになる。その結果も踏まえ、政府においても建物被害認定方法に関する検討が行われ、「災害に係る住家の被害認定基準運用指針」が作成された。外観調査・内観調査から構成される具体的な調査の流れ、写真による部位ごとの損傷程度の例示、各部位の全体の被害程度に占める割合の決定を行い、被害認定調査が「精緻化」された。

他方、調査方法については、調査基準が「精緻化」されたことにともなう問題も発生している。新潟県中越地震（2004年）、能登半島地震（2007年）、新潟県中越沖地震（2007年）

の建物被害認定調査において、指針を用いて調査を行った結果、調査に時間がかかることが課題となった。そのため、2010（平成22）年には簡便な調査票が作成され、さらに2018年の指針では効率的かつ迅速に調査を実施できるように写真判定なども利用した調査も認められるようになる。また被災者生活再建支援制度の支援金の給付対象は、地震だけでなく洪水・高潮といった自然災害全般であり、2004年の新潟・福井豪雨を踏まえた洪水被害の認定方法、被災者生活再建支援法の規定にあわせて大規模半壊という被害程度が2009年の指針に追加された。さらに東日本大震災の液状化被害の実態を受けて認定方法は見直され、2013年に指針が修正されることとなった。

平成の時代の仕組みを見直す

阪神・淡路大震災後、建物被害調査結果にもとづき生活再建支援を行う仕組みが確立され、罹災証明の被害程度が重要な意味を持ち、精緻な建物被害調査が行われるようになってくる。大規模災害時には、建物被害調査は、外観目視による1次調査、その後、罹災証明の交付もしくは再調査依頼、1次調査の結果に納得できない場合は内部立ち入り調査による2次調査という流れで実施されるが、建物調査の実施、さらには罹災証明の交付には多くの人員が必要となるため、全国の自治体からの応援を得て業務が実施されている。平成の時代に確立されたこの仕組みが南海トラフ地震・首都直下地震といった数千万の住宅が被害を受ける災害が生じた場合に、詳細な調査を行うことが果たして可能かという問題は残されている。

大規模災害における調査実施の可能性に加えて、そもそも建物の被害状況が「生活再建支援」の基準として適切なのかということについても再度検討する必要がある。住宅再建支援のみにフォーカスするのであれば、建物の被害程度は基準になりうるのかもしれないが、被災者生活再建支援法は「自然災害によりその生活基盤に著しい被害を受けた者に対し、都道府県が相互扶助の観点から拠出した基金を活用して被災者生活再建支援制度の支援金を支給するための措置を定めることにより、その生活の再建を支援し、もって住民の生活の安定と被災地の速やかな復興に資することを目的とする」（第1条）となっている。生活基盤の著しい被害とは何か、生活の再建を支援するということは何なのか、ということも再度検討する余地がある。現在、災害ケースマネジメントという個々の被災状況や課題に応じて支援の実施を進める取組みが行われるようになっている。平成の時代には、災害復興を通じて確立された詳細な建物被害認定結果にもとづき住宅再建支援を行う仕組みがつくられたが、そもそも災害救助法適応の基準として利用されてきた全壊・半壊という建物の被害程度を、生活再建支援の基準として利用することの是非について再検討していく必要があるだろう。

5　総合的な住宅再建支援――東日本大震災以降

東日本大震災の生活再建支援

2007（平成19）年の被災者生活再建支援法改正によって阪神・淡路大震災以降の公費での生活再建支援、とくに住宅の再建支援を行うのかという議論が決着し、自然災害で住宅が全壊した場合、所得の多寡にかかわらず最大300万円の支援を行う仕組みが構築された。2011年の東日本大震災は、現在の被災者生活再建支援制度が構築された後、初めての大規模災害だった。東日本大震災の復興では先述のように土地区画整理事業・防災集団移転促進事業といった事業により安全な場所に宅地が建設された。住宅再建の費用は自分で確保する必要があったが、阪神・淡路大震災時のように公的な支援がまったくないということではなく、全壊で住宅再建を行った場合は被災者生活再建支援制度の支援金が300万円（複数世帯）支給された。

この支援金は、都道府県が支出する基金と国の補助金で半分ずつ負担することとなっており、当初の基金の額は300億円。その後追加され、東日本大震災発生時の基金は600億円となっていた。600億円の基金で支払い可能な支援金の総額は1、200億円であるが、東日本大震災では20万件規模での支払いが想定され、1件300万円の支払いとすると総額6、000億円必要となり、支払いが不可能となる事態が想定された。そのため東日本大震災では23、国の負担率が80パーセントとされた。支給世帯を20万人と想定し、国負担分の予算としては3、250億円を計上して被災者生活再建支援制度の支援金の支払いが実施された。さらに都道府県負担分についても地方交付税が充当され、基本的に全額国費で支払いが行われた。このように被災者生活再建支援制度は、被災世帯数でいうと阪神・淡路大震災と同程度である東日本大震災規模の災害であっても破綻する仕組みで運営されている。

阪神・淡路大震災では、1世帯あたり数十万円程度であった義援金の1世帯あたりの配分額と比べると東日本大震災の配分額は多い。県からの支給分や市からの支給分があり、市ごとに給付額は異なるものの宮城県では最大156万円支給された。義援金については日本赤十字社・中央共同募金会・NHK・NHK厚生文化事業団に寄せられた合計額が3、845億円であり、さらに都道府県や市町村に直接届けられたものも含めると、阪神・淡路大震災の義援金1、800億円と比較して、2倍近い金額が集まった。また、東日本大震災の全半壊世帯数は阪神・淡路大震災よりも少なく24、そのため多くの義援金が配分されることとなった。

現在は、被災者生活再建支援法により住宅再建支援が行われるが、私有財産である住宅の再建を担保する仕組みは、本来、地震保険である。通常の火災保険は、民間企業が運営しており、巨額の支払いに対応するために再保険という仕組みでリスクの分散を図っている。しかし地震については日本の地震リスクが高く、オフィスビルなどの住宅以外については民間の地震保険は存在するが、住宅には民間の再保険の仕組みが機能しない。そのため、地震保険は限度額の範囲内で国が再保険の役割を担っている。

地震保険の創設

住宅に対する地震保険が創設される契機となったのは1964（昭和39）年の新潟地震である。地震火災の被害に対して火災保険の支払いが行われなかったことが問題となり、同時期に審議されていた保険業法の改正の中で「わが国のような地震国において、地震に伴う火災損害について保険金支払ができないのは保険制度上の問題である。（中略）速やかに地震保険等の制度の確立を根本的に検討し、天災国というべきわが国の損害保険制度の一層の整備充実を図るべきである」25という付帯決議が行われる。地震保険の創設に尽力したのが新潟県選出で、当時、大蔵大臣だった田中角栄であり26、1966年に「地震保険に関する法律」が制定され、現在の住宅に対する地震保険が創設される。地震保険の所管官庁は財務省である。

現在の地震保険の保険引受け額は住宅・家財とも火災保険の50パーセントまでであり、3、000万円の住宅が被災した場合、通常の災害であれば最大1、500万円が支払われる。ただし、巨大地震で政府が担保する限度額を超えた場合は、1、500万円以下の支払いとなる。地震保険創設当初、政府の支払い限度額は3、000億円だったが、阪神・淡路大震災が発生する直前の1994（平成6）年には1兆8000億円、東日本大震災発生前の2009年には5兆5000億円、そして現在は12兆円となっている。阪神・淡路大震災時の兵庫県の地震保険の世帯加入率は4・8パーセント（2004年度）であり、住宅再建に地震保険金を利用できた世帯は少なく、そのことが住宅再建のための公的な支援制度の必要性の議論につながった側面もある。しかし、東日本大震災の被災地の地震保険加入率は高く、岩手県は13・2パーセント、福島県は14・6パーセント、そして宮城県沖地震の今後30年間の発生確率が99パーセントとされていた宮城県では、地震保険の世帯加入率は33・6パーセント（2010年度）であった。東日本大震災では同時期に発生した地震も含めて1兆3241億円の保険金が支払われており、地震保険が住宅再建の費用をカバーし、さらに被災者生活再建支援制度の支援金の給付も行われている。地震保険の加入率はその後も上昇しており、宮城県の地震保険の世帯加入率を見ると2021年度には52・7パーセントまで上昇しており、地震保険の有用性の証左であると考えられる。

二重ローンの回避策

災害時の住宅再建に関わるもうひとつの問題は「二重ローン」と呼ばれる、被災して取り壊した住宅の残りのローンと被災後新築した住宅のローンを二重に抱えるという問題であり、阪神・淡路大震災で大きな問題となった。阪神・淡路大震災以降、銀行協会と弁護士会が協議を続け、東日本大震災では破産・再生手続きを行うことで、保証人に支払い請求を行わない形式で住宅ローン債務整理を行うことが可能となった。いわゆる「ブラックリスト」に掲載されずに新築する住宅のローンを組むことが可能になり、さらに最大500万円の現預金、被災者生活再建支援制度の支援金、災害弔慰金・災害障害見舞金、義援金などの財産を手元に残すことが可能であり、弁護士費用などの支援も行われる。「自然災害債務整理ガイドライン」と呼ばれるこの仕組みは、東日本大震災以降の災害においても名称は変更されながら引き続き利用されている。

これからの巨大災害に向けて

三宅島噴火災害（1983年）で復興の新たな課題となり、阪神・淡路大震災以降、公的支援の枠組みが整備されてきた被災者生活再建支援制度は、住宅再建の側面では、支援金の支払い、二重ローンの回避も含めて制度が整備された。さらに昭和の時代に住宅再建を支える仕組みとして整備された地震保険の加入率も上昇してきており、平成の復興の最大の課題であった生活再建、とくに住宅再建については平成の災害の経験を通じて支援の仕組みが整備された。昭和の課題に取り組んだ「近代復興」の目標が、「公」が安全なまちを開発する、困っている人には支援するというものであったとするならば、平成の復興の新たな目標は「生活再建」であり、この間の災害復興の中で、住宅を失ったすべての人が「公的」な支援を受けられる仕組みを構築してきた。

しかし、大きくふたつの課題が残されており、南海トラフ地震や首都直下地震といった巨大災害時には被災者生活再建支援制度の支援金に加えて、地震保険についても住宅再建に必要な十分な額の支払いが可能かという問題は残されている。東日本大震災規模の災害でさえ、すでに現在の被災者生活再建支援制度の支援金の支払いメカニズムは破綻していた。数十倍の規模の世帯が住宅を失うこととなる巨大災害において、現状の仕組みで果たして支援金を支払うことができるのか、さらに予算に限りがあるとすれば、住宅再建に充当することが果たして適切なのかといった問題については検討の余地がある。

もうひとつは、生活支援＝住宅再建支援ということで良いのか、という課題である。現在、住宅再建支援の根拠となる建物被害を精度良く測定するためにたいへんな労力が費やされており、全国の自治体職員が応援に派遣されている。内部まで精緻に調査を行うと、1日に調査可能な件数は5件程度であり、100万戸単位での被害が発生した際に果たして調査を行うことが可能なのか、さらにはそれだけの労力を住宅の被害調査に割くことが果たして適当なのかということについても検討する必要がある。住宅被害調査に時間を割くのではなく、「災害ケースマネジメント」のように、応援に来た自治体職員が、被災した人が抱える生活再建についての課題をヒアリングし、適切な支援につなげるという方向性も考えられる。

ここまでは住宅再建支援という側面から生活再建について見てきたが、生活再建のもうひとつの側面である生業をどう再建するのか、地域のにぎわいをどう復興するのかという課題は残されたままである。住宅再建支援について鳥取県西部地震では、被害程度ではなく地域に残るかどうか、という基準で支援が実施された。地域に残ることを目標とした住宅再建支援は2005年に発生したハリケーン・カトリーナ後の住宅再建支援プログラム「Road Home」でも行われている。平成の災害を通じて確立された生活再建支援の仕組みは、本来、地震保険が担うはずの「個」が「私」有する住宅の再建をサポートするものである。それでは生活再建という視点からどういった対策が有効であるのか、次章では生業、地域のにぎわいという観点からの取組みについて見ていくこととする。

注

1　総務省「住宅土地統計調査」（1993年）
2　菅野拓『災害対応ガバナンス――被災者支援の混乱を止める』（ナカニシヤ出版、2021年）
3　福井県「福井震災誌」（福井県、1949年）、382ページ
4　青森県「青森県大震災の記録――昭和43年の十勝沖地震」（青森県、1969年）、301ページ
5　北海道南西沖地震記録書作成委員会「北海道南西沖地震記録書――平成5年7月12日M7・8」（1995年）、329ページ
6　新潟県『新潟地震の記録――地震の発生と応急対策』（新潟県、1965年）、214ページ
7　宮城県総務部「78年宮城県沖地震災害の概況――応急措置と復興対策」（宮城県総務部、1980年）、80ページ
8　新潟県『新潟地震の記録――地震の発生と応急対策』（新潟県、1965年）、337ページ
9　青森県「青森県大震災の記録――昭和43年の十勝沖地震」（青森県、1969年）、478ページ
10　兵庫県震災対策国際総合検証会議「阪神・淡路大震災震災対策国際総合検証事業検証報告　第4巻　被災者支援」（2000年）、27～30ページ
11　あまがさき未来協会編「阪神・淡路大震災尼崎市の記録」（尼崎市、1998年）、93～94ページ
12　岩手県大船渡市「チリ地震津波大船渡災害誌」（大船渡市、1962年）、30ページ
13　東京都三宅村「阿古地区復興計画基本調査報告書」（三宅村、1984年）、90～93ページ
14　雲仙岳災害基金「たくましく――復興への歩み　雲仙岳災害対策基金記録誌」（雲仙岳災害対策基金、2002年）
15　北海道南西沖地震記録書作成委員会「北海道南西沖地震記録書――平成5年7月12日M7・8」（北海道南西沖地震記録書作成委員会、1995年）
16　横山純一「奥尻町における北海道南西沖地震からの復旧・復興と財政――東日本大震災からの復興に奥尻町の教訓は活かせるのか」、関孝敏、松田光一編著『北海道南西沖地震・津波と災害復興――激甚被災地奥尻町の20年』（北海道大学出版会、2016年）所収、175～199ページ
17　青田良介「被災者の住宅・生活再建に対する公的支援に関する考察――被災者の私有財産と公的支援との関係の変遷」『地域安全学会論文集』（14号、2011年）所収、141～151ページ
18　公益財団法人阪神・淡路大震災復興基金「創造的復興の歩み――（公財）阪神・淡路大震災復興基金記録誌」（2021年）
19　鳥取県「平成12年　鳥取県西部地震の記録」（鳥取県、2003年）、122ページ
20　重川希志依他「被災者生活再建支援法改正過程の分析」『地域安全学会論文集』（10号、2008年）所収、253～260ページ
21　兵庫県震災対策国際総合検証会議「阪神・淡路大震災震災対策国際総合検証事業検証報告　第4巻　被災者支援」（2000

年)、27〜30ページ

22 北海道「北海道十勝沖震災誌」(北海道、1953年)、542ページ

23 内閣府(防災担当)「被災者に対する国の支援のあり方に関する検討会中間整理」(2012年)

24 牧紀男「南海トラフ地震に係る被害想定リスクが高い地域等における事前防災まちづくり」『都市計画』(70巻、2号、2021年)、76〜79ページ

25 「保険業法の一部改正に対する附帯決議」(衆議院大蔵委員会、1964年6月19日)

26 日本地震再保険株式会社「地震保険55周年——「地震保険に関する法律」の公布・施行から55年」(2021年)
https://www.nihonjishin.co.jp/pdf/news/t210518.pdf(2023年6月30日閲覧)

まちなみ景観に配慮して再建された住宅（輪島市門前町、筆者撮影）

第5章 まちの再建

生業・商業・まちなみ

経済の活性化

昭和・平成の災害復興を通して生活再建が新たな課題として浮き彫りになった。他方、住まいの再建支援については、被災者生活再建支援制度の支援金や二重ローン対策の制度が段階的に設けられ、地震保険の加入率の向上もあり、南海トラフ地震・首都直下地震といった巨大災害時への対処に課題は残されているものの、一定の仕組みの整備が行われた。しかし、生活再建とは住宅再建のみを指すわけではない。まずは災害後、電気・水道・ガス・道路といったライフラインが使えるようになることが必要不可欠であり、さらに大きな被害を受けた地域では安全な宅地が整備され、ようやく住宅を再建することが可能になる。こうしたハードの側面に加えて、生活していくためには生業が不可欠であり、働く場の確保が必要となる。そのためには地域の経済が活性化される必要がある。林春男は生活再建を最終目標とした復興の要素として、ライフラインの復旧、都市計画事業、住宅再建、雇用の確保（中小企業対策）、経済の活性化（新産業の創造）という5つの要素を挙げる**1**。

これにならえば、ライフラインの復旧は、災害対策基本法に規定があり、「（前略）災害復旧の実施について責任を有する者は、法令又は防災計画の定めるところにより、災害復旧を実施しなければならない」（第87条）と定められており、「公」が責任をもって実施する仕組みが存在する。都市計画事業は、第2章で述べたように復興事業の中心をなす役割を担う。残された課題は、雇用の確保（中小企業対策）と経済の活性化（新産業の創造）である。人口は増え、経済も高度成長を遂げていた昭和の時代の復興であれば、都市基盤の整備を行えば自ずと雇用は生まれ、経済が活性化した。しかし、安定成長、人口減少社会においてはまちを元に戻しても人が戻ってこないことが課題となった。

経済活動の主体も「私」であり、「公」が企業・商店を支援することの是非が住宅再建支援と同様に問われることとなる。一方、企業・商店については「私」のものであることは間違いないが、これらの活動業務は、そこに住まう人々の収入を確保するものであるとともに、生活していくうえで不可欠なものであり、「個」の領域ではなく「地域」の側面と捉えることができる。ここでは、生活再建のもうひとつの側面である雇用・経済の活性化という「私/地域」（第2象限、27ページ）の部分を平成の復興の例から見ていくこととする。

1 「にぎわい」という課題——阪神・淡路大震災

阪神・淡路大震災の活性化対策

昭和の終わりに発生した三宅島噴火災害から「活性化対策」が復興の課題となった。平成に入って発生した雲仙普賢岳の噴火災害、北海道南西沖地震で被災した奥尻島の復興においても

「地域の活性化」「地域振興」が謳われた。ただし、活性化と言っても、当時は現在のように災害前から落ち込んでいた経済をいかにして活性化するのかではなく、あくまでも災害の影響による落ち込みをいかに「元に戻すのか」に重点が置かれた。そのことを理解するためには当時の社会・経済状況を知る必要がある。昭和の終わりから平成の初めは、日本の経済状況はたいへん景気が良く、周知のとおり１９８６（昭和61）年12月から１９９１（平成３）年２月は「バブル経済」と呼ばれる時期にあたる。成長著しい現在の中国のような状況であり、１９８９年には米国を象徴する建物のひとつ、ニューヨークのロックフェラーセンターを日本企業が買収している。

１９９５年はバブル経済が収束したとは言え、現在のように日本経済が停滞しているといった状況ではなく、人口も増加基調にあった。こうした状況下で阪神・淡路大震災は発生する。兵庫県では、復興を進めるためにインフラ、住宅に加えて産業の再建が重点課題となった。この３つに対する実行計画として「ひょうご住宅復興３カ年計画」「緊急インフラ整備３カ年計画」「産業復興３カ年計画」が策定される。産業復興は昭和の災害においても復興項目となっており、伊勢湾台風（１９５９年）の愛知県における復興計画[2]では、「商工計画」という項目によって、新たな産業の誘致が検討されている。阪神・淡路大震災では製鉄・重工業の工場が被災するとともに、地場産業である酒造やケミカルシューズ産業が大きな被害を受けた。「産業復興３カ年計画」では「震災からの克服と次世代型産業モデル地域としての新生」[3]を重視し、低金利融資、既往債務の負担軽減といった資金供給対策、仮設工場・共同仮設店舗の提供といった事業再開の場の確保、相談窓口の設置、そして復興基金を用いた利子補給、商店街・小売市場の共同仮設店舗の整備といった少し踏み込んだ支援を行うと同時に、（再生ではなく）「新生」という視点から企業誘致や起業家支援などを行う財団法人阪神・淡路産業振興推進機構が立ち上げられた。東日本大震災の復興では、「私」に属する企業の建物や設備の再建がグループ補助金で行われたが、阪神・淡路大震災では企業に対する支援は、住宅再建支援と同様、間接的なものであり、「公」が行う事業と「私」が行う事業は別個のものだった。

阪神・淡路大震災では産業の再建は震災から2年で一旦完了し、「仮設工場や仮設店舗への入居も促進し、大手企業の生産再開も順調に進み、平成9年度末には純生産で震災前の水準を上回」4る状況に至る。震災から2年目までは復旧・復興需要で経済活動が活性化したことで、兵庫県の1995～96年のGDPの伸び率は日本全国の伸び率を大幅に上回り、3年後の1998年までは日本全国の伸び率を少し上回る状況が続く5、表1、2。

経済活動の問題が顕在化するのは4年目以降である。震災の影響による大企業の工場移転、神戸港の取扱高が震災前の8割程度に留まり、復興事業により将来の建設工事も先に実施された影響で、震災から10年目となる2005年まで兵庫県のGDPの成長率は日本全国の伸び率を下回り続けた。雇用もインフラの復旧や住宅再建が一段落する1999年には被災地域の有効求人倍率が0・37倍にまで落ち込む。これは100人の求職者に対して37人分の仕事しかな

表1　日本の実質GDPの推移（四半期ごと）

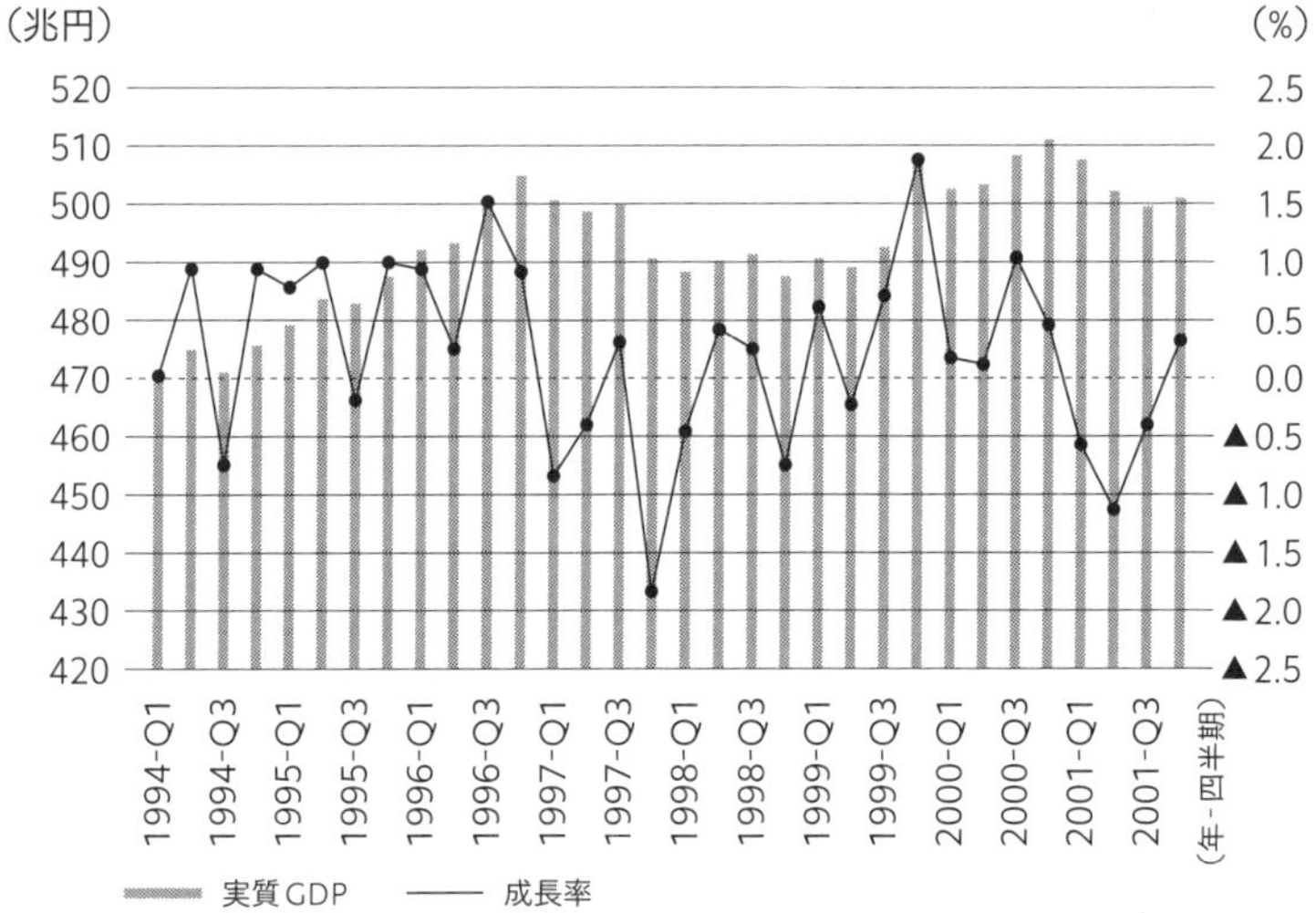

（備考）季節調整済の数値を使用（年率換算）　出典：内閣府『国民経済計算』

表2　兵庫県の実質GRPの推移（四半期ごと）

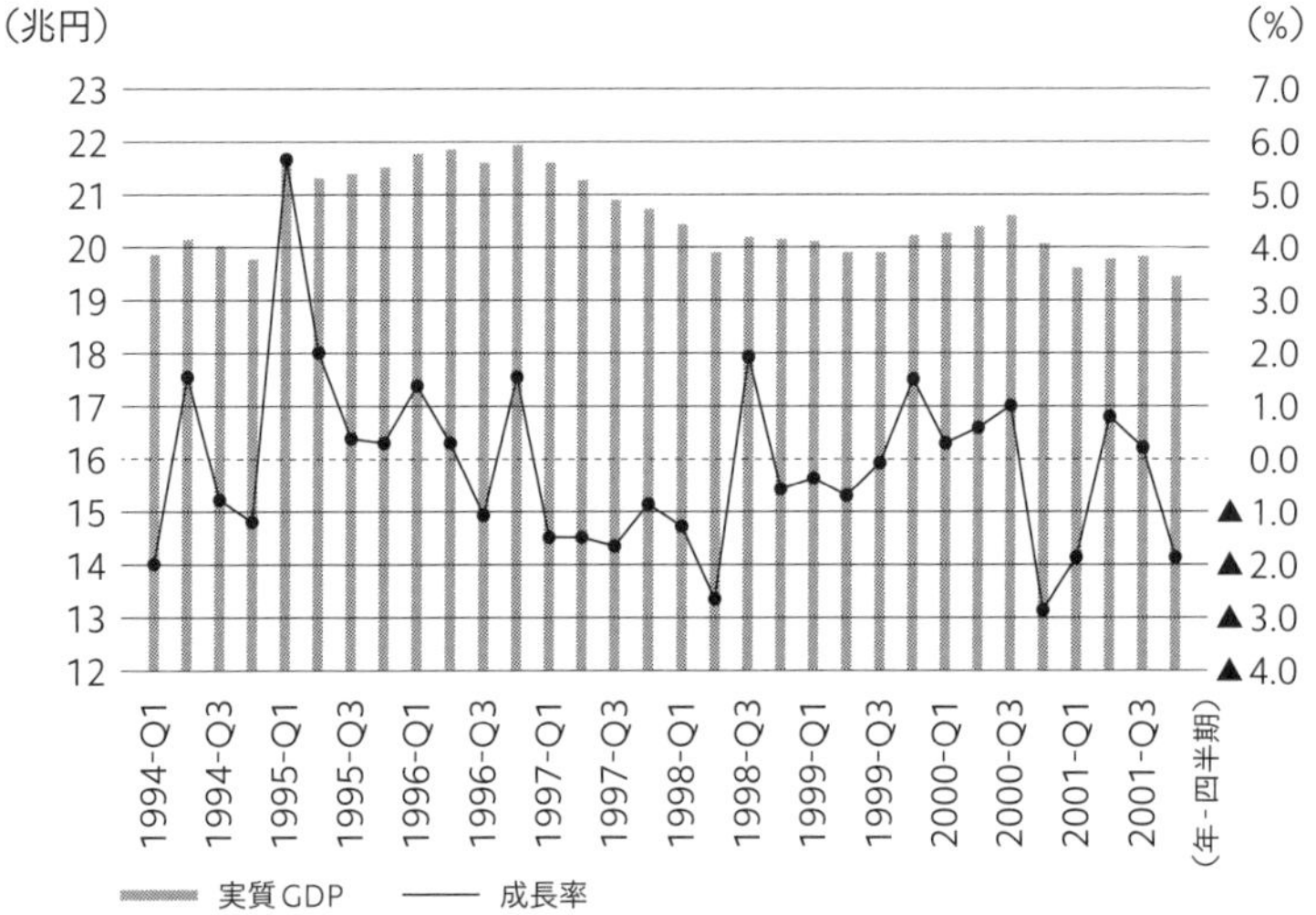

（備考）季節調整済の数値を使用（年率換算）　出典：内閣府『国民経済計算』

いことになるたいへんな数字である。ちなみに2023（令和5）年現在の兵庫県全体の有効求人倍率は1・2倍程度で推移している。震災2年目までの「復旧」は成し遂げたが、このようにその後の長期的な復興が課題となり、物理的に再建すれば元に戻り、さらには発展するという昭和の復興モデルが阪神・淡路大震災の復興では機能しないことが明らかになった。

雇用の確保と企業の活性化

経済活動の支援には、雇用を確保すること、働く場となる企業活動を活性化させること、というふたつの側面がある。雇用の確保については、阪神・淡路大震災後、新たな働き方が模索されることとなる。阪神・淡路大震災の被災地は、震災から4年後には先述のように100人の求職者に対して37人分の仕事しかないという状況になり、新たな仕事を見つけるのが難しくなることから雇用の確保が重要視され、個々の労働時間を減らすことで雇用を維持するワークシェアリングの仕組みが導入される。また同時に、営利を求める企業で働くのではなく、まちの課題解決のため、例えば高齢者の支援やまちづくりといったコミュニティ・ビジネスを行うNPOで働いたり、またNPOを立ち上げたりといった新しい働き方も模索される。その背景には、阪神・淡路大震災のボランティア活動を契機にNPO法が制定され、ボランティア活動を行っていた人が非営利活動を行う組織を立ち上げたことがある。阪神・淡路大震災の復興ではこうしたコミュニティ・ビジネスの起業や活動の支援が復興基金を用いて行われる。阪神・

淡路大震災の復興が進められていた二十数年前はNPOに就職し、社会活動に取り組むことが新しい働き方だった。しかし、NPO職員の給与水準の低さや、公的な予算への依存といった課題も見えてきており、現在は、NPOが取り組んできたような社会的な課題の解決に、NPOではなく起業して営利企業として取り組むようなことも起こっている。

阪神・淡路大震災では、働く場を確保することを目的に、中小製造業者の本格的な復興を支援するために復興支援工場が震災から3年後に建設された。地場産業に対する支援も行われた。長田地区のケミカルシューズ製造事業者は震災前から海外メーカーとの価格競争にさらされ、課題を抱えていたが、産業の立て直しが国の復興事業の重点施策として位置づけられ、2000（平成12）年に、エントランスに巨大なハイヒールのモニュメントが設置された「シューズプラザ」が建設される。「シューズプラザ」には靴の製造事業者が直接販売を行う商店が設けられるなど、「くつのまちながた」を再び盛り立てるための施設が新たに建設された。

仕事がなく、企業活動が停滞すると人口も減少し、まちのにぎわいが失われていく。神戸市全体の人口が元の水準まで戻るのは震災から10年後であり、とくに西部地域の人口減少は依然として深刻で、震災から20年以上が経過しても元の水準に戻っていない。復興事業は進められたが、震災から5年の間で、仮設店舗で営業が再開されたものの元の顧客が戻ってこない、さらに量販店が進出する、経営者の高齢化にともない廃業するといったことが起こった。商店街に空き店舗が目立つこと、「にぎわい」が戻らないことが、商店街が物理的に復旧した後の課題として残された。そのため、集客のためのイベント開催や、アーケードやベンチの設置、さらに空き店舗の利用促進のために店舗賃借料・内装設備工事費・広報費に対する支援が復興基金を用いて行われた。こうした課題が最も顕在化したのが新長田駅南地区の再開発地域だった。

新長田駅南地区では震災時、大規模な火災が発生し、第2章で述べた「黒地地区」に指定された。六甲道地区と新長田地区は神戸市の副都心として位置づけられることから、行政が中心となって市街地再開発事業が行われた。市街地再開発事業はビルを建て、その中に従前の商店や居住者を入居させるとともに、ビルを高層化することで新たに生み出される空間（保留床）を、地域に移ってくる人に販売することで事業の採算性を確保する。新長田駅南地区では、地下1階〜地上2階までの3層分を商業施設にするとともに、前から住んでいた人の住宅や、被災した人が入居する災害復興公営住宅、新規居住者に販売するためのマンションが上層階に建設された。約20ヘクタールの地区に44棟の再開発ビルを建てるという大規模な計画だった。

こうしたマンションは若い人に購入され、地域の若返りに貢献した[6]。問題となったのは商業施設である。震災から4年が経過する1999年ごろから低層階に商業施設を持つビルが順次完成していった。商店街に面した1階部分は商店として利用されているが、新たに設けられた地下と2階部分に商店が入居しないということが問題となる。2000年からは空きスペースの利用促進を図るため、復興基金で家賃補助も行われた。その後も再開発ビルの建設は続けられ、震災10年目となる2005年までに19棟の再開発ビルが完成した。

2023（令和5）年現在もビルの建設は続いている。神戸市は新長田駅南地区の市街地再開発事業についての検証を2021年3月にとりまとめ、「商」について「ハード整備としての再建は果たせたが、商業としてのにぎわいに課題が残る」[7]という評価を行っている。

社会課題を先取りする被災地

震災復興における経済支援の重要性は認識されていたが、阪神・淡路大震災時には企業は「支援をする対象」という位置づけであり、「私」としての企業の施設の再建を「公」が行うことはなかった。しかし、その後、阪神・淡路大震災後に復旧された商店街と同様、日本全体でまちのにぎわいがなくなることが課題となった。中心市街地の活性化を目的とした官民連携の取組みが進められ、「公」と「私」の境界が曖昧になってくる。1998（平成10）年に中心市街地活性化法が制定され、阪神・淡路大震災の時には存在しなかった、まちづくり株式会社（TMO、Town Management Office）、BID（Business Improvement District）といった官民連携を可能にする仕組みが生まれる。阪神・淡路大震災の被災地でも市街地の活性化を担う組織として、「(株)神戸ながたTMO」が神戸市・神戸商工会議所・地域の商店街・シューズプラザの運営団体などが参加する組織として2001年に設立され、まちのにぎわいをつくる活動が行われる。しかし、先述のように商業の再建は果たせていない。

物理的にまちを戻す、被災した工場や商店の施設、建物を復旧することができれば、かつては人口増加・経済成長の力で経済活動・まちのにぎわいが戻るかもしれないが、すでに述べたとおり、これは昭和の時代のまちの復興メカニズムであり、安定成長期に入った社会の復興においては機能しなくなっていた。商店街の衰退は阪神・淡路大震災の復興では、数年後から課題となっていた。10年以上にわたって復興を進める中で、日本全体でも中心市街地の衰退が課題となり、官民連携での地域活性化の取組みを進めるための制度が設けられ、その制度が阪神・淡路大震災の復興にも適用された。災害は社会の課題を浮かび上がらせると言われるが、阪神・淡路大震災で課題となったまちの活性化は、その後の日本の課題を先取りするものだった。ここでの対策は決して成功したわけではないが、そこに暮らす人々の生業、生活も含めたまちの「にぎわい」を取り戻すための支援の必要性が、復興を通して認識され、住宅の再建とともに平成の復興の課題として重視されていく。

2 人口減少社会での復興――新潟県中越地震

30年前倒しされた人口減少（新潟）

阪神・淡路大震災が発生した1995（平成7）年はバブル経済崩壊後といっても、人口はまだ増加傾向にあった。2008年をピークに日本は人口減少に転じることとなるが、阪神・淡路大震災の復興を進める中で浮上したまちの活性化という課題は、その後、2000年に発生した鳥取県西部地震、2004年の新潟県中越地震といった災害においてより顕在化した。大きな被害が発生した地域は中山間地域であり、すでに人口減少・高齢化が課題となっていた場所である。鳥取県西部地震では先述のように、人口減少が進む地域で「市町村が活力を失うことなく力強く復興に取り組むことを可能にするため」[8]、県独自の住宅再建のための支援制度が創設された。2004年の新潟県中越地震では、災害からの復興プロセスにおいて多くの人が地域から転出したことにより、中山間地域で30年後に想定されていた姿まで一気に高齢化と人口減少が進むような状況も発生した。本来、2030年から2035年までに30年かけて徐々に対応していくはずだった地域の課題に先導的に取り組むこととなった[9]。阪神・淡路大震災では生活再建という未知の課題に「被災者復興支援会議＋復興基金」の仕組みで臨機応変に対応したのに対し、新潟県中越地震では「中越復興市民会議／中越防災安全推進機構復興デザインセンター＋新潟県中越大震災復興基金（以下、中越復興基金）」の仕組みで人口減少社会での地域の再建に取り組んだ。

阪神・淡路大震災の災害復興公営住宅における高齢者支援の仕組みはその後、公営住宅に引き継がれ定着していった。新潟県中越地震では後に、人口減少が進む地域で地域活性化を担うことになる「地域おこし協力隊」の先駆け的な「地域復興支援員」制度が創設された。この制度は、中越復興基金を利用して公務員・研究者・大学生・ボランティアといったさまざまなバックグラウンドを持つ人を地域復興支援員として雇用し、集落に滞在してもらう。支援員は情報誌の発行や、地域内外の人らが集まる場所の運営、地域食材を利用した食堂の運営支援など、さまざまな活動を行った。この試みはその後、地域おこし協力隊として制度化され、災害とは関係なく人口減少・少子高齢化が進む地域を抱える1千を超える自治体で導入され、これまでに6千人を超える隊員が活動**10**している。

中越地震からの復興におけるもうひとつの特徴として、自力での農地の復旧、地域の祭祀施設の再建といった、復興の中で地域が抱える課題に合わせたきめ細やかな支援が中越復興基金を用いて行われたことがある。例えば、農業では、工業・商業と異なり損壊した用水路や農地の復旧を「公」が担うこととなっている。しかし、規模の小さいものは公的支援の対象とはならず、また行政が行う場合にも、査定・設計・工事といった煩雑な手続きを踏まえなければならない難点があった。そこで、自分たちで用水路や水田を復旧するための費用を補助する「手づくり田直し等支援事業」が認められた。これは大きな被害を受けた旧山古志村と小千谷市東山地区が豪雪地帯であるため、翌年の夏（被災は10月末）の間に復旧工事が完了しなければ、3年間作付けができなくなってしまうためである。また、この地域は世界的にも有名な錦鯉の生産地域であり、世界中から買付け客が訪れる。地震の被害で養鯉池が決壊するなどで鯉が逃げてしまっており、親鯉の購入支援制度も中越復興基金で創設された。集落の維持も課題となり、一般的な集会施設に加えて「被災地域・集落のコミュニティの場として長年利用されている鎮守・神社・堂・祠」[11]の再建・修復のための支援金にも、中越復興基金が充当された。

新潟県中越地震の復興における地域の維持

人口減少が進む中で「地域を維持すること」が大きな課題となる。新潟県中越地震の県復興計画の再生期のキャッチフレーズは「活力に満ちた新たな持続可能性の獲得」[12]である。定住人口を増やすことが難しい中で交流人口を増やすための交流イベント支援、地域産の食材を利用した農村レストランの運営支援が行われ、まちの活性化や生業再建の支援が中越復興基金を利用して実施された。米国コロラド州から被災地支援の一環で贈られたアルパカのための牧場が旧山古志村に設置された。アルパカに親しもうという人々を地域内外から呼び込み、にぎわいを創出する。元々ひとつの集落で育てられていたのが、頭数も多くなりふたつの集落に拡がった。アルパカをかたどったクッキーや、地元の人々が制作するアルパカの毛を利用したぬいぐるみなどの関連製品の販売も行われ、地域の維持と活性化に一役買っている。

新潟県中越地震の復興に深く関わった防災学が専門の澤田雅浩[13]は、その経験を踏まえ中山間地域の被災によるその後の作用として、「A　被災を契機に集落の持続発展に向け、積極的に取り組む」「B　被災を契機に集落の先を見つめ直し、前向きに村治めに取り組む」「C　被災を契機に撤退し、積極的に新天地を求め移転する」「D　意思のない、誰もが望まない衰退」という4つのパターンを示す。ここまで説明してきた復興基金による支援策を利用した復興の取組みはA、Bに対するものであるが、防災集団移転で村を離れること、すなわちCの選択を行った地域も存在する。小千谷市十二平地区は、地区全体が平地に移転した。耕作のために地域には戻ってくるが、住宅は平地にあり、元の集落の整備を行い、集落名を記した石碑を置くとともに、元の家の場所には屋号を刻んだ石を置いた。こうして元の集落の姿を保存すると同時に、記録誌『ここはじょんでぇら——震災を経験した小千谷市十二平集落の道標』[14]を出版している。

新潟県中越地震の復興は、地域復興支援員が復興だけでなく、地域の維持、活性化のために活躍し、中山間地域支援のモデルとなるような取組みが数多く行われた。基本的には地域を維持するための活動が主となったが、十二平地区のように山を下りる選択を行った地域もあり、災害により一気に30年先の社会を迎えることとなった。このようにして少子高齢化の再先進地域を将来的に維持していくことに先鞭を付けた。

3　まちなみ・商店街の復興――能登半島地震、新潟県中越沖地震

景観保存という復興のかたち

新潟県中越地震の復興では中山間地域の持続性が課題となったが、２００７（平成19）年３月に発生した能登半島地震では、まちなみ景観の保全に対する取組みが行われた。地震では石川県輪島市を中心に被害が発生し、曹洞宗總持寺祖院のある門前町門前地区、北前船の船主の館が残る黒島地区での被害がとくに大きく、いずれも伝統的なまちなみが残る地域だった。能登半島地震でも復興基金が立ち上がり、住宅再建には「耐震・耐雪」「バリアフリー」「県産材利用」のほか、傾いた建物を元に戻す「建て起こし」といったメニューが設けられた。メニューを選択することで最大２００万円までの支援を受けられる制度だった。その中に「景観配慮」という項目があり、対象地区の住宅には40万円の支援が行われることとなった。門前町門前地区では、復興を進める中で国土交通省が持つ既存の補助事業である「街なみ環境整備事業」を利用し、歴史的景観に配慮した道路整備などを行えることとなった。多くの人が住宅再建時に「景観配慮」のメニューを選択し、こうした事業によって復興とともにまちなみの修景が行われた。大きな被害を受けた住宅が多かった黒島地区15では、「景観配慮」や「建て起こし」の制度を利用して再建が行われ、まちなみ保全が行われた。景観配慮の補助を受けた住宅は、住宅再建の補助を受けた25件のうち19件と7割を占め、まちなみ形成に大きな役割を

果たした。黒島地区では、震災以前から地区内道路の美装化やまちなみ環境整備事業の実施など、まちなみ保存に関する取組みが行われており、震災を契機に、まちなみ保存への関心が一層高まった。輪島市の復興計画では、黒島地区を国の重要伝統建造物群保存地区（伝建地区）の選定を目指すことが明記され、住民の合意形成のプロセスを経て、震災から2年が経過した２００９年６月に伝建地区として指定されることとなった。

市街地再開発事業・土地区画整理事業を使わずにまちを再建する

同じく２００７（平成19）年7月に発生した新潟県中越沖地震は、柏崎市の中心市街地であるえんま通り商店街で地区の半分の建物が全壊する大きな被害があった。地震は地区一帯に面的な被害を出したが、商店街が立地するえんま通りは幅員13メートルの広い道路に面しており、延焼火災も発生していないため、大きな被害を受けていない建物も存在した。こうした被災状況に対し、すべての建物を除却・移動させる必要がある土地区画整理事業や市街地再開発事業を用いて復興事業を行うことは、基盤整備を行わずに済む中でその必要性が生じてしまい、さらには一旦商店街としての機能を停止させることで今後の商店街機能の維持が難しくなる可能性もあり、現実的ではなかった。

そこで、これまでの災害復興のように行政が主導して復興まちづくり計画を策定し、住民に示す形式ではなく、住民が組織する「えんま通り復興協議会」と大学の研究者や一級建築士といった専門家から構成される「えんま通りの復興を支援する会」が主体となって復興まちづくり案が作成された。さらにその実現のために行政が支援するかたちで復興が進められた。計画策定は、防災公園やコミュニティ空間（お庭小路）、高齢者福祉施設の整備、13メートルから19メートルへの道路の拡幅、えんま通り沿いの街路デザインといった復興事業の全体枠組みを定めた「復興まちづくり構想」で最終的な復興後の姿を示すとともに、景観の統一や中庭を連続させたコミュニティ空間を実現させるための「復興まちづくりガイドライン」を作成し、個々の建物の再建とともに構想実現のための仕組みも整備された16。復興は時間をかけてゆっくりと行われた。高齢者施設が完成するのが震災から４年後の２０１１年、防災公園や飲食・物販施設「まちの駅＠えんま」、共同建替（共同化）の住宅が完成したのは震災から６年後の２０１３年だった。

えんま通り商店街ではにぎわいの創出も課題となった。これを担う組織として地元の個人や商店が出資し、「合同会社まちづくりえんま」によって「まちの駅＠えんま」が開設され、商店街とも共同でイベントを実施する仕組みが構築された。さらに空き店舗の利用や夜間集客のためのイベント開催、商店街マップの作成といった試みも行われている。えんま通りの拡幅にあわせて防犯灯や石灯籠も設置された。こうした一連の活動を支援するために「新潟県中越沖地震復興基金」17が充当された。

新潟県中越地震後に発生した能登半島地震、新潟県中越沖地震では、これまでの災害復興が主たる対象としてきた安全なまちの再建ではなく、まちなみや商店街の再建に重点が置かれた。昭和の時代の復興は道路や公園といった社会基盤整備が中心であり、災害はその機会となったが、能登半島地震の復興で注力されたのはまちなみの修景であり、新潟県中越沖地震からの復興におけるえんま通り商店街の再建では一度にまち全体を復旧するのではなく、時間をかけたまちの再整備が行われた。

4 まちの再建支援——東日本大震災

政府による産業再建支援

2011(平成23)年の東日本大震災では、市役所があるまちの中心や、漁港・水産加工場といった生業の場が壊滅的な被害を受けた。働く場所や買い物をする場所も含めたまち全体が被災し、その再建が課題となった。それに対し、国が直接支援するかたちで復興が行われたが、これは、社会基盤の整備や低所得者向けの住宅再建支援といった近代復興の枠組みで「公」が担うもの以外を復興基金で補うという、雲仙普賢岳の噴火災害以来の平成の復興の仕組みを大きく変えるものだった。

まず都市計画が専門の益邑明伸が「産業用公設仮設建築物」[18]と呼ぶ、事業の再開のための店舗、工場、事務所のための仮の建築物の提供を独立行政法人中小企業基盤整備機構が行っているが、これらを中小機構が直接整備するのは東日本大震災が最初の事例である。提供された仮設建築物は、店舗、事務所、工場、倉庫、旅館から焼き物の窯場、市場、さらには葬儀場、フィットネスジムまで多岐にわたる。これらは青森・岩手・宮城・福島・茨城・長野の6県、644ヵ所に建設され、この仮設建築が「仮のまち」の整備に大きな役割を果たした。震災発生から約2年後の2013年1月までにこうした施設のほぼ9割が完成している。

仮設工場や仮設商店街の設置を行うとともに、産業活力の維持、被災地域の復興、コミュニティの再生、雇用の維持を目的に、中小企業がグループを組み事業を再開する場合に、建物・設備を含めて費用の4分の3を支援する仕組みも整備された。この制度は「グループ補助金」と呼ばれ、その後、東日本大震災の被災地域を襲った台風・地震災害も支援の対象となった。そのため、明確に東日本大震災の復興を対象にした支援として区別することは難しいが、震災から11年となる2021年度末までに青森・岩手・宮城・福島あわせて664グループ、1万241件に対して、5,104億円が交付されている[19]。申請者は企業グループを構成するが、手続きは各社が個別に行うため、グループ数と件数が一致しない。グループ補助金の活用事例集[20]を見ると、26社の事例が取り上げられている。例えば、水産加工業が8事例、パンやビールといった水産加工ではない食品製造が3事例、印刷や部品製造、織物といった製造業が8事例、運送が1事例、ホテル・観光などのサービス業が2事例、スーパーが1事例、まちづくり株式会社が1事例紹介されており、岩手・宮城では水産加工業が多く、福島では部品・織物といった製造業、さらに地域のインフラとなる港湾荷役、醤油醸造のような伝統産業、まちづくり株式会社が見られ、さまざまな業種が対象となっていることがわかる。

グループ補助金について専門家は「今回の被災からの事業者の復旧、復興過程において、このふたつの事業（筆者注：仮設施設整備事業、グループ補助金）が最も効果的に働いた。このふたつの事業が提要されなかった場合、多くの事業者は再開できなかったことが指摘される」**21**と評価している。東日本大震災では、阪神・淡路大震災以来の課題だった働く場所や買い物をする場所も含めたまち全体の復興に対し、国が主体となった支援が実施された。生活支援に加えて平成の復興の課題だった生業についても国が支援を行うこととなり、「私」の領域における「個」（生活再建支援）と「地域」（生業の再建）が実現した。その点で東日本大震災の復興は、平成の時代の復興支援のひとつの到達点ということができる。

では、国が生業の再建支援を行ったことはどれほど有効だったのだろうか？　グループ補助金のフォローアップ調査も行われており、震災から10年後の状況**22**を見ると、東北4県の企業全体での総売上高は震災直前を上回る水準（122・8パーセント）まで回復しているが、グループ補助金を受けた事業者ごとに見ると、震災直前の水準まで回復したと回答している割合は44パーセントに留まっている。このギャップが何を示しているか、業種別に見ると建設業（70

パーセント）は震災以前の水準に回復しているると回答しているが、旅館・ホテル、水産・食品加工、卸売り・サービス業は回復していない傾向が見られる。これは阪神・淡路大震災と同様である。建設業については復興需要もあり復旧するが、長期的に見ると需要の先食いを行っているため需要が減少していき、先述のように阪神・淡路大震災では震災から4年後に有効求人倍率が0・37倍に落ち込む状況が発生した。それに比べて東日本大震災では復興事業が長く続いたこともあり、今後、同様の課題が発生すると想定される。水産・食品加工業は回復傾向が見られず、これは国外に対する競争力が低下していたケミカルシューズ製造量や港湾の取扱高がその後も回復しなかった阪神・淡路大震災の状況と似ている。また卸売り・サービス業は居住者の数と相関があり、人口が減少することで元に戻らない因果関係が指摘できるだろう。東日本大震災では産業の復興に対して大きな支援が行われたが、なお実際の生業の再生は難しい状況にある。

２０１６年に発生した熊本地震においても、グループ補助金や仮設施設整備事業の支援が行われた。熊本地震では５１９グループ、５、１２７件に対して1、４３２億円のグループ補助金の給付がなされている。東日本大震災での給付は５、０００億円あまりであり、災害の規模と比較して手厚い支援が行われたことがわかる。

公的支援は継続可能か

ここまで見たように、平成の災害からの再建の経験を通じて、地域の維持・にぎわいの再生に不可欠な「私」の領域としての生業の再建についても、「公」が支援する仕組みが構築された。生活再建や住まいの再建は「個」の領域であるのに対し、生業の再建は「地域」を維持するうえで不可欠な要素である。人口減少が進む中、官民連携でまちづくりも進められており、「公」による生業再建支援は、地域の災害復興を行ううえで有用であると考えられる。一方、東日本大震災のグループ補助金のフォローアップ調査の結果を見ると、業態ごとに回復の状況は異なっており、すべてを支援すれば地域の生業が維持できるということにはならない。こうした支援策が、今後見込まれる首都直下地震、南海トラフ地震といった大規模災害に果たして対応可能な仕組みなのか、さらには気候変動にともない風水害が頻発する中で果たして継続的に支出可能なのかという問いは課題として残されている。平成の復興の経験を通して生活再建支援の制度や、地域の維持・にぎわい再生のための生業再建支援の仕組みが構築されたが、毎年のように発生する風水害や今後の巨大災害を見据えて、本来、「私」が負うはずの住まいの再建や生業の再建を、果たして「公」が行う必要があるのか、「公」が行うことの是非について再度検討していく必要があるだろう。

注

1 林春男『いのちを守る地震防災学』(岩波書店、2003年)

2 愛知県「伊勢湾台風災害復興計画書」(愛知県、1960年)

3 震災復興調査研究委員会「(財)21世紀ひょうご創造協会　阪神・淡路大震災復興誌」(第1巻、(財)21世紀ひょうご創造協会、1997年)、430ページ

4 亀井浩之「阪神・淡路大震災から15周年を迎えて——震災からの創造的復興の取組」『地震本部ニュース』(2010年1月号)所収、6~7ページ

5 日本政策投資銀行関西支店/東北支店「大震災が地域経済に与える影響について——阪神・淡路大震災をケーススタディとして」(2011年)

6 陳海立、牧紀男、林春男「地域人口特性に基づく地域復興の評価——阪神・淡路大震災と新潟県中越地震の地域特性と復興像」『地域安全学会論文集』(13号、2010年)所収、347~355ページ

7 神戸市「新長田駅南地区震災復興第二種市街地再開発事業検証報告書」(神戸市、2021年1月)

8 鳥取県「平成12年鳥取県西部地震の記録」(鳥取県、2001年)、121ページ

9 澤田雅浩「集落の再生「中越地震被災地の再生過程をふりかえる」」(日本建築学会講演資料、2011年5月20日)

10 総務省「令和3年度における地域おこし協力隊の活動状況等」https://www.soumu.go.jp/menu_news/s-news/01gyosei08_02000231.html〔2023年6月30日閲覧〕

11 長岡市地域振興戦略部「忘れない明日のために——復興へのメッセージ　新潟県中越大震災復興10年記録集」(長岡市地域振興戦略部、2015年)、29ページ

12 新潟県「新潟県中越大震災復興計画第2次」(新潟県、2008年)

13 澤田雅浩「集落の再生「中越地震被災地の再生過程をふりかえる」」(日本建築学会講演資料、2011年5月20日)

14 十二平集落記録誌編集委員会編、福留邦洋監修『ここはじょんでぇら——震災を経験した小千谷市十二平集落の道標』(十二平を守る会、2010年)

15 小柳健他「震災を受けた歴史的市街地における住宅再建実態と町並み保存に向けた合意形成過程——能登半島地震による輪島市黒島地区伝統的建造物群保存地区の事例研究」『日本建築学会計画系論文集』(第76巻、659号、2011年)所収、91~99ページ

16 えんま通り商店街、えんま通りの復興を支援する会「柏崎市えんま通り商店街におけるまちづくり市民事業による住宅再生と市街地復興プロジェクト」(都市住宅学会業績賞概要、都市住宅学会、2016年)

17 「えんま通り商店街の復興に係る取組について」(「新潟県中越沖地震の復興に向けた課題と取組状況について(2013年5月時点)」新潟県)https://www.pref.niigata.lg.jp/uploaded/attachment/93839.pdf〔2022年12月9日閲覧〕

18 益邑明伸、窪田亜矢「東日本大震災からの復興過程における産業用公設応急仮設建築物の制度設計と整備実態」『地域安全

学会論文集』（29号、２０１６年）所収、２２９〜２３７ページ
19 東北経済産業局「中期政策に基づく震災からの産業復興の現状と今後の取組」（２０２２年３月11日）
20 東北経済産業局「グループ補助金活用事業者事例集——被災地復興に向けた事業者の取組」（２０２１年２月９日）
21 関満博「序章　地域産業復興に向かうＮＰＯ、社会企業家」、関満博編『震災復興と地域産業６——復興を支えるＮＰＯ、社会企業家』（新評社、２０１５年）所収、20ページ
22 東北経済産業局「東北地域における産業復興の現状と今後の取組——東日本大震災10年を振り返って」（２０２１年２月９日）

新長田の都市再開発事業（筆者撮影）

第6章

「近代復興」から「生活再建」へ

令和の復興の先へ

1 「公」による復興支援の拡充

「公」が「私」を支援する仕組み

「公」と「私」というふたつの見地から復興資金の負担の仕組みを、また、「地域」と「個」というふたつのユニットを軸に平成の災害復興の変遷を検討してきた。1995(平成7)年に発生した阪神・淡路大震災の復興は、関東大震災以来の仕組みで、「公」が道路・公園といった「地域」を支える社会基盤の復興を行い、さらに社会のセーフティネットとして住宅に困窮する「個」に対して応急仮設住宅・公営住宅を提供した。これは「近代復興」のシステムの到達点であると同時に、「近代復興」の枠組みでは対応できない平成の復興課題に対する本格的な取組みの始まりでもあった。「近代復興」の対策のひとつである土地区画整理事業や市街地再開発事業といった法定の都市計画事業で復興が行われる建築制限区域(黒地地区)は、震災復興促進区域(白地地域)のうちの3パーセントにすぎず、単線型の住宅再建プロセスの到達点となる4万戸近い戸数が供給された災害復興公営住宅は、47万世帯にも及ぶ全壊・半壊世帯数の1割にも満たなかった。これが当初の阪神・淡路大震災の復興事業であり、「近代復興」の枠組みでの支援対象は少数であった。

災害復興の最終目標は生活再建であり、そのためにはライフラインの復旧、都市計画事業、住宅再建、雇用の確保(中小企業対策)、経済の活性化(新産業の創造)の5つが必要となってくる1。「近代復興」が目指したのは、ライフラインの復旧や都市計画事業を行い、その結果、都市が近代化され経済の活性化（新産業）が達成されるという復興の姿であった。「近代復興」の枠組みから外れる「公」による「私」の住宅再建支援、生業の再建支援（中小企業対策）という課題に取り組んできたのが平成の復興だった。

「復興を考えるユニット」の視点から見ると、平成の復興の中で整備されてきた住宅再建支援の仕組みは個人の住宅を対象とするものであり、「個」の領域に属するものである。一方、グループ補助金を使った生業の再建支援では、被災地域の復興やコミュニティの再生に寄与することが求められており、企業がグループをつくって応募することも含めて「地域」の領域に属する。「災害後の生活再建を実現するために「私」の住宅（個）と「私」が営む生業の再建支援（地域）を「公」が実施する仕組みを整備してきた」のが「生活再建」を目指した平成の復興であり、その仕組みは東日本大震災で完成し、令和の復興へと引き継がれていく。

住宅の再建支援については第4章で見たように、平成の時代の復興を通じて「私」の領域である「個」別の住宅再建を支援する仕組みが整備される。住宅再建を支援する仕組みは、本来、地震保険が担うものであり、国が再保険を行う形式で住宅を対象とした地震保険が新潟地震（1964年）を契機に創設されていた。しかし、関西では地震が起こらないという先入観から、阪神・淡路大震災の時点では被災地域の地震保険加入率が4・8パーセント（1994年度）に留まっており、住宅再建を支援する仕組みとして機能しなかった。「私」の財産である住宅の再建は、基本的に自己責任であるが、平成に入って発生した雲仙普賢岳の噴火災害や北海道南西沖地震では、「公」を通じて各世帯に対し、1千万円近い金額が「支払われた」。他方、北海道南西沖地震の支援金は、民間から寄せられた義援金が原資となった。雲仙の場合は警戒区域の設定という行政施策により住まいを失った背景があったことから、義援金に加えて自治体が創設した基金からも再建資金が支払われたが、雲仙普賢岳の噴火災害や北海道南西沖地震ではまだ、税金以外の資金を充当することが基本だった。しかし、行政が住宅再建費用を配分したことは、「公」がそれまで推進してきた「近代復興」の経験も手伝って、復興の主体は「公」であるというような錯誤を阪神・淡路大震災前に醸成することとなった。

阪神・淡路大震災でも、被災した人の生活再建のために基金から費用を給付する仕組みがつくられた。雲仙普賢岳の噴火災害に始まる基金による支援は、積み立てた資金の運用から得られる利子を原資として利用するものであり、税金を直接、個人財産の支援に使うことにはなっていない。しかし、阪神・淡路大震災後には、被災した世帯の生活再建（住宅再建ではない）を税金で支援する被災者生活再建支援法が制定され、当初は住宅再建には利用しないことを前提に1世帯あたり最大100万円の支援がなされたが、その後、住宅再建も含め最大300万円の支援が行われることとなる。この制度は東日本大震災の住宅再建にも適用されるが、震災の被災地、とくに宮城県においてはそれ以前から宮城県沖地震の発生が懸念されていたこともあり、地震保険の世帯加入率は33・6パーセント（2010年度）に及んでいたため、地震保険＋被災者生活再建支援制度の支援金というかたちで住宅再建の資金が提供された。

東日本大震災による支援の変化

もうひとつの課題である生業の再建支援も、第5章で見たように平成の時代の復興を通じて、徐々に「私」の営みである企業の再建を「公」が支援する仕組みが整備されていく。経済の再建は「近代復興」においても課題であり、伊勢湾台風の復興計画でも「商工計画」という項目が存在していた。阪神・淡路大震災でも災害直後から産業復興に向けた支援が行われ、その内容は、低金利融資、既往債務の負担軽減といった資金供給対策、仮設工場・共同仮設店舗の提供を通した事業再開の場の確保であった。さらに復興基金を用いて利子補給、商店街や小売市場の共同仮設店舗の整備といった少し踏み込んだ支援にも利用された。基金を使った生業の再建支援はそれ以降も続けられたが、東日本大震災では「私」の企業支援の仕組みが大きく変化する。その背景には、東日本大震災では役所・商店街・工場といったまちを構成するすべての要素、すなわち「地域」が津波により壊滅的な被害を受けたこと、また被災前から人口減少が続く地域であり、その持続性が危惧されたことが大きかったと考えられる。

阪神・淡路大震災の復興では「個」々の住宅が注目されたが、東日本大震災では復興を考えるユニットとしての「地域」がターゲットとなった。阪神・淡路大震災以来、基盤整備を行っても「地域」のにぎわいが戻らないことが課題となっており、復興基金を用いてさまざまな支援が行われた。そして東日本大震災の復興では、「私」の企業の建物や施設の再建費用を「公」が税金で負担する「グループ補助金」という制度がつくられた。これは、産業活力の維持、被災地域の復興、コミュニティの再生、雇用の維持を目的に中小企業がグループを組み、事業を再開するために建物や設備の再建を含む費用の4分の3を支援する仕組みである。平成の災害を通じて、「公」が復興の主体となるという「近代復興」以来の仕組みが継続され、さらに支援の対象が「私」の領域としての「住宅」「企業」にまで拡大されていったのが東日本大震災で完成した平成の復興だった。

2 復興は「公」の責任？

「公」はいかにして支援の担い手となったか

「公」が自然災害復興の担い手となる「近代復興」以来のモデルは、平成の「生活再建」の仕組みづくりにも引き継がれるが、災害復興は「公」の役割なのかという問いについては検討の余地がある。「近代復興」の流れを受け、平成の災害復興においても復興は「公」が担うのだという「公」の自負心と、復興の支援は「公」が行うものであるという世間の「認識」は温存されてきた。世間が、「公」が自然災害の復興の担い手だと考えていることは阪神・淡路大震災以降、被災者生活再建支援法が制定される過程を見るとよくわかる。自然災害で被災した住宅の再建をめぐって、「公」の支援がない、支援の仕組みをつくる必要があるという議論が、阪神・淡路大震災直後から行われるようになった。震災から1年後には市民団体が「生活再建援助法案」を起草し、被災地の首長、労働組合の代表、産業界のメンバーに保障制度の設立を求める活動も行われた。さらに阪神・淡路大震災の被災者支援の法案が当時の新進党・民主党により提出され、最終的には1998(平成10)年にほぼすべての党が参画するかたちで「被災者生活再建支援法案」が議員提案され、可決される。被災者生活再建支援法の制定の過程を見ると、当時、政治的な立場にかかわらず、「公」が被災した人の支援を行う必要があるという認識は共有されていたことがわかる。

海外と比較してみよう。日本においては自然災害の復興は「公」の役割、もしくは責任だという世間の認識があり、災害対策基本法では、自然災害からの復旧は「公」が行うことが規定されている。しかし、世界的に見ると自然災害の復興の担い手はさまざまである。都市計画学者のデビッド・マメン2は、災害復興の仕組みを、復興のための資金の流れと復興事業手法という観点から整理を行っている。資金の流れについては、誰が資金を提供するのかという①資金源、資金の使途を決定・配分し、管理を行う②資金のマネジメント組織、資金を使って事業を行う③実施組織という3つの要素から説く。また、事業の実施手法については、被災した人に住宅や資金を支援するという直接支援と、仕事場を再建することにより間接的に支援を行う間接支援のふたつの方法があることを示している。

以前、米国の著名な防災学者と話した時、米国では災害が起こると世界中から復興資金が集まってきて復興を行うが、日本の場合は、税金など国民の負担で復興をするからたいへんだね、と言われたことがある。米国は、再建費用を保険でカバーしており、再保険の仕組みを通じて世界中から再建資金が集まってくるという主旨の発言だが、日本ではたしかに復興の資金が税金で賄われており、自然災害で失ったものの負担は直接、国・国民の損失となる。東日本大震災の復興においても①復興資金の原資は税金であり、32兆円にも及ぶ復興予算を確保するために復興税が新設された。②資金のマネジメント組織として、東日本大震災では予算の管理を行うために復興庁が設置されたが、通常の災害では各省庁・地方自治体がそれぞれ復興予算の管理を行う。③実施組織は、国管理の道路・河川堤防は国、県管理の道路・防潮堤は県というように通常時の施設の管理組織が事業を実施していく。日本では資金調達、資金管理、事業の実施のすべてを「公」が担っているが、この仕組みは、世界的に見ると決して標準的なものではなく、①②③がそれぞれ異なる場合の方が一般的である。

復興財源の調達スキーム

2004（平成16）年のインド洋地震津波災害により大きな被害を受けたインドネシアの復

興では、②マネジメント組織としてＢＲＲ（Badan Rehabilitasi dan Rekonstruski、復興庁）が設置された。ＢＲＲは復興事業全体のマネジメントを実施するが、①資金源は世界銀行のマルチドナーファンド基金（各国政府からの資金）、ＮＧＯの資金による支援、インドネシア政府の資金ほか多様であり、③実施組織については、各ＮＧＯが住宅の整備、日本・米国が道路の再建、支援が行き届かない部分についてはＢＲＲが実施するというように、さまざまな団体が事業の実施を担っていた。

米国では①資金源について民間の資金、災害保険が大きな役割を果たしており、ニューオリンズが大きな被害を受けた２００５年のハリケーン・カトリーナ災害では、復興計画策定にロックフェラー財団が資金を提供している。住宅再建においては最大15万ドルまでを支援する「Road Home Program」が行われたが、洪水保険の加入が必要な地域に住んでいたにもかかわらず加入していなかった場合は、支払額を3割減ずるというペナルティが科された。住宅再建は基本的に政府が管理する洪水保険によりカバーされるが、想定を超える規模の浸水が発生したことと、保険に入っていない被災者が多く存在したことから、支援制度が創設された側面もある。②資金のマネジメント組織としては、米国同時多発テロ後のニューヨークの復興ではロウアー・マンハッタン開発公社[3]が設置された例があり、ハリケーン・カトリーナ後の復興でもニューヨークの事例を参考に民間からの人材をトップとするＬＲＡ（Louisiana Recovery Authority、ルイジアナ復興庁）が設置されている。③実施組織については、米国でも地方政府などが復興を担うこととなるが、被災した人に対する支援は、行政機関や赤十字、NPOといった支援に関わるさまざまな機関が一堂に会する相談センターが設置され、被災者ごとの課題に応じて適切な団体が支援プログラムを提供した。

日本の復興においても、実際には税金だけではないさまざまな資金・支援が存在している。すでに見たように、阪神・淡路大震災以降の災害では、行政が主体となって拠出したものではあるにせよ、「基金」がもたらす利子が復興を進めるうえで重要な役割を果たした。東日本大震災の復興では世界各国の政府、さらにはNGOからの支援金が寄せられた。東日本大震災で世界各国から寄せられた支援は公共施設や鉄道の再建に利用され、宮城県南三陸町の公立病院の再建資金の半分近くは台湾赤十字からの義援金で賄われている。クウェート政府からの支援は第三セクターの三陸鉄道の車両新造や駅舎の再建に利用された。このほか、民間企業による100億円単位での資金拠出も行われている。例えば三菱商事は総額135億円の基金を拠出し、産業復興や雇用創出などに対する支援を行っており、ヤマト運輸も総額143億円の資金提供を行い、病院や産業施設の再建に利用された。現在の低金利の状況では基金を運用して復興資金を捻出する手法はなかなか難しいが、阪神・淡路大震災の復興基金の当初の規模は5、800億円であり、一企業で100億円単位の基金をつくっている。経団連によると会員企業による支援額は1、224億円にのぼっており[4]、このことを踏まえると、数千億円規模の基金をつくることは可能であると考えられる。官民が互いに資金を拠出して復興基金をつくり、その基金をもとに復興支援を行うことも十分可能であると考える。

「公」の支援が遺した課題

東日本大震災の復興では、インドネシアのように、世界各国政府、国際ＮＧＯ、そして民間企業の支援を「公」が行うこととなった復興事業の中に位置づける可能性も存在した。例えば、先述のインド洋地震津波を含め、各国で災害後の住宅再建支援を行っている台湾の宗教団体を母体とするＮＧＯは、東日本大震災の被災地においても被災者向けの住宅建設の検討を行い、最終的には半壊以上の被災世帯に3～7万円の見舞金を贈っており、その総額は50億円にも及ぶ[5]。また、筆者に対して東日本大震災後、仮設住宅建設を行うために、その際に生じる課題についての問い合わせが国際ＮＧＯから寄せられたが、国が建設する応急仮設住宅との調整が課題となることを伝えた。しかし、先述の病院・鉄道再建支援も含め、日本の復興では、海外からの支援や民間の取組みは「公」の復興の補完という位置づけとなった。日本のように「公」がすべてを担うのではなく、国際支援や民間企業、そしてＮＧＯやＮＰＯといったさまざまな組織を復興の担い手として位置づけることも、世界の災害復興の仕組みから見ると一般的なことである。さらに人口減少が進み国の予算が限られ、気候変動の影響によって災害が頻発したり、南海トラフ地震・首都直下地震といった巨大災害が懸念されることを踏まえると、こうした復興のかたちも今後、検討していく必要がある。

「公」がすべてを担うのではないという観点からは、「私」かつ「個」人の住宅の再建を「公」が支援するという仕組みは見直す意義がある。平成の「生活再建」支援という枠組みの中で、被災者生活再建支援制度の支援金の給付に加えて住宅再建に関わるさまざまな支援が行われるようになっている。これまで見てきたとおり、当初の議論では、支援金から支弁することとなっていた被災した住宅の解体費は、東日本大震災以降、制度化されておらずとも公費解体という枠組みで実施されている。その結果として、多くの修理可能な住宅が解体されているが、これは防災対策上の問題を残している。老朽化したマンションにおいて、自前で耐震改修するよりも大きな被害を受けて公費解体した方が、数億円の解体費用が不要となり得策であると判断され、しかるべき対策が行われないモラルハザードにもつながりかねないからだ。

「私」および「個」の領域に対する「公」の支援は、世界的に見ると保険制度を維持することで行われるのが一般的だ。日本においては被災者生活再建支援法の制定時の議論として、地震保険に加入できない人を支援するというセーフティネットをめぐる議論があったが、東日本大震災後の宮城県の地震保険加入率は、全世帯の半数を超えており、加入することのハードルはそれほど高くない。一般的に災害後の「個」の支援は、事前に防災対策をしていた人としていない人の間で公平性が確保されないという問題があり、筆者は保険制度を基本とした仕組みに移行していく必要があると考える。

3「私／地域」の支援のゆくえ

いかに「地域」を再建するか

筆者は「私／個」の再建を「公」が支援するために、「私／個」の支援を行う本来の仕組みである保険に移行することが望ましいと考える。しかし、「地域」というユニットは「公」的な側面も持つものであり、「私／地域」（第2象限、27ページ）という領域の再建を「公」が支援することには検討の余地がある。現在の「私」の住宅再建支援は住宅というユニット（個）で実施されているが、「地域」というユニットで考えることも可能である。先述のように、日本においても鳥取県西部地震の住宅再建支援は、地域に人が残ることを目指したものだった。またハリケーン・カトリーナ後の住宅再建支援も「Road Home Program」という名前が示すように、地元での再建を支援するものであり、州から出て再建する場合、支援金が減額される仕組みとなっていた。

東日本大震災の復興では、津波で被災した地域を安全に再建しても人が戻ってこないことが課題となっている。宮城県石巻市の雄勝地区では元の地域に戻ってきた人はわずか1割であり、9割近い世帯が別の地域で住宅再建を選択した。また、「地域」を離れ「個」別に住宅を再建する人の生活復興感が、「地域」の人とともに復興に取り組み、元の場所で住宅を再建する人よりも高い実態もある6。復興事業による復興と、個々の住宅、生活の再建をそれぞれ「まちの復興」「人の復興」と呼んだりしている。平成の「生活再建」は、「地域」や「個」に対しても「公」が支援を行っているにもかかわらず、安全なまちを再建する、生業の再建支援をするという「地域」の復興と「個」の復興が上手く連携されていない。個別に住宅を再建する方が、長い時間が必要となる復興事業を待つよりも迅速であり、生活復興感が高くなることは否めない。若く元気な世代の多くが地域を離れ、個別に再建することを選択している中で、「地域」を守り、維持するという観点に立つのであれば、元の場所へ再建することにインセンティブを与えるような被災者生活再建支援制度の支援金給付のあり方も検討する必要がある。

阪神・淡路大震災では、都市部で「個」としての住宅が集積している地域が被災し、「個」々の住宅再建を支援するという枠組みで被災者生活再建支援法にもとづく住宅再建支援の仕組みが構築された。しかし、その後、中山間地域が大きな被害を受けた鳥取県西部地震においては、「地域」の維持を目的とした住宅再建支援が行われており、東日本大震災においては「地域」に人が戻らないことが課題となった。人口減少が進む日本において、災害により急激に人口が移動することは地域の持続性が大きく損なわれる事態であり、住宅再建支援に「地域」を維持するという視点を入れることは重要である。

被災者生活再建支援制度の支援金の給付のように「私」の住宅再建を直接支援するのではなくとも、「地域」の観点から「私」の住宅再建を間接的に支援する手法も有用である。阪神・淡路大震災の被災地では、「公」がけん引する形式で基盤整備を行う復興まちづくりが行われなかった「白地地域」で、「私／地域」といった領域に対する復興まちづくりが行われた。2007（平成19）年の新潟県中越沖地震で被害を受けた柏崎市のえんま通り商店街の復興も同様であり、道路と公園の整備を行うという「近代復興」の枠組みで、「公」が実施機関となり、直接事業を実施することは行われなかったが、計画策定のための予算を提供する、事業費用を一部負担するといった間接的なかたちでの支援が行われた。「近代復興」の枠では支援することができない「地域」の復興は、住宅・生業の再建支援に加えて、平成の復興が挑んだもうひとつの課題だった。

「私」の力による地域再建例

第2章で述べたように、阪神・淡路大震災の「白地地域」の復興では、狭い敷地の所有者が共同でマンションを再建するような事例（共同化）が見られ、士業と呼ばれるさまざまな分野の専門家のチームによる再建敷地の権利調整・建設のためのコーディネーションが行われた。被災地域の8割を占める「白地地域」では、「公」ではなく「私」が主体となり個別に住宅再建が進められた。さらに調整が必要な場合は、専門家による支援が行われ、その費用が国の補助金や基金から拠出されて共同化した建物の共用部分の建設支援も行われた。

阪神・淡路大震災での、復興まちづくりを通した「私／地域」の支援の対象は住宅だったが、東日本大震災後に導入された「グループ補助金」では生業の再建も支援の対象となった。宮城県気仙沼市の内湾地区では、グループ補助金による商店街の再建に加え、阪神・淡路大震災で実施されたような住宅の共同化、さらには災害公営住宅整備を一体に行う試みもなされた。平成の復興ではかねてより課題となっていた住宅や生業といった「私／個」の領域への支援が、「グループ補助金」の制度が生まれたことによって、「私／地域」の枠組みまで広げられ、商店街の建設にさえも復興の手が届くようになったのである。

4 平成の復興システムが残した課題

繰り返し述べるように、平成の復興を通して「公」が住宅と生業の再建支援を行う仕組みが整備された。その仕組みは令和の災害復興にも引き継がれると考えられる。2016（平成28）年の熊本地震の復興ではグループ補助金による民間企業の再建支援が行われている。阪神・淡路大震災が「近代復興」の到達点であり、そこから明らかになった課題に取り組んできたのが平成の復興だった。平成の復興が目指したのは「生活再建」であり、その到達点が東日本大震災であると同時に、その次の課題となる「令和の復興」の構築への新たな始まりでもある。ここまで平成の復興において、「私／個」「私／地域」の領域に対して、「公」が新たに支援を行うようになった過程と、そこから顕在化した課題を見てきた。それでは、「生活再建」を目指した平成の復興から「令和の復興」に移り変わる中で、今後検討すべき課題とは一体どのようなものだろうか。

気候変動と国難災害への対処

ひとつは巨大災害や気候変動がもたらす自然災害への対処である。平成の時代に発生した阪神・淡路大震災と東日本大震災というふたつの象徴的な災害を比べると、東日本大震災ではより大きな人的被害が発生しているものの、復興、生活再建の観点では同規模の災害7である。先述のように、平成の復興を通じて構築された被災者生活再建支援制度の支援金の支払いの仕組みは、東日本大震災ですでに破綻をしている。さらに近年は気候変動の影響により、極端気象現象による災害も毎年のように発生している。こうした背景もあり、積み立てられている基金は目減りし、都道府県が基金の積み増しをする必要が生じている。近い将来発生することが予想されている南海トラフ地震や首都直下地震のような超巨大災害では、阪神・淡路大震災、東日本大震災といったこれまで経験した災害を大きく超える規模の被災者が発生することが想定されている。制度が制定された当時の試算8で、首都直下地震の支援金の支払い額は1兆3200億円が必要となるとされており、600億円の基金では到底支払うことができない。

また支援金を支払うための基準として行われている建物被害の調査も、超巨大災害の想定の下では課題を抱えている。平成の時代は元々災害救助法を適用するための基準として利用されてきた建物被害調査結果が、この間の災害復興の中で、被災した人の支援基準として利用されることとなっていった。それにともない、建物被害調査の正確性が求められるようになり、罹災証明を発行するための手続きに組み込まれ、たいへんな人数と時間を要することとなった[9]。南海トラフ地震、首都直下地震といった多くの建物が存在する地域を襲う可能性がある災害において、果たして現在のような詳細な調査を実施することが可能なのかという懸念がある。生活再建支援を行う基準として建物被害程度という物差しが適切なのかという議論[10]もある。

膨大な予算が必要となることへの懸念は、生業再建の支援の面でも同様である。グループ補助金は法律にもとづくものではないが、東日本大震災程度の規模の災害で5、000億円、熊本地震でも1、400億円となり、次第に手厚い支援が行われるようになっている。しかし、社会経済活動がさらに活発な地域で見込まれる南海トラフ地震や首都直下地震での実施可能性は不明である。平成の復興が目指した「生活再建」は、予算、実施の両面で超巨大災害時の実行性に課題が残されている。

平成の復興を超えて

もう一つは菅野拓[11]が指摘する「被災者支援の社会保障からの孤立」という課題である。阪神・淡路大震災以降、「生活再建」を目標とした復興が進められてきたが、もともと被災した人のセーフティネットとして「災害救助法」があり、この法律にもとづき応急仮設住宅の提供が行われる。同法は第2次世界大戦終戦直後にGHQが関与する形式で制定され、当時は「世界一の内容を盛ったと云う我が国災害救助法」[12]と書かれるほど先進的な仕組みであった。その後、生活保護を扱う厚生省社会援護局が管轄し、社会保障の一環として災害救助は実施されてきた。平成の災害復興の中で、1998(平成10)年に被災者生活再建支援法が制定され、さらに災害救助法は内閣府(防災)に移管されて社会保障制度と関連なく生活再建支援の仕組みが整備されていく。菅野は、平成の時代の社会保障の変化として、行政と公益法人に加え、NPOなどの非営利法人や営利法人も担い手となったこと、DV被害者やホームレスといった新たな事象が社会保障の対象となったこと、また利用者契約によってサービスが提供されるようになったことを挙げ、「同時代の社会保障は弱者援護の発想にもとづく救貧的なものから、普遍的なものへと姿を変えた。被災者支援は独特なものとして社会保障から孤立した。これは、災害対応、特に被災者支援が現代においても混乱しつづける根本理由であろう」[13]と書く。平成の復興まちづくりの取組み、とくに「私/地域」の領域においては、NPO、コンサルタントや建築士、弁護士などの専門家、地域の人々といったさまざまな主体が関わり、住宅・地域の生業の再建が行われた。このモデルは社会保障分野と同じであり、DV被害者やホームレスに加えて、災害からの生活再建を社会保障の枠組みに取り入れることは可能である。

繰り返し述べるように、平成の復興では「公」が主体となって、「私」に属する住宅・生業の再建支援を行う制度が構築された。令和の時代は、さらに災害が頻発することが予想される。そして社会のさらなる人口減少化を見据えると、平成の「生活再建」を支援する手厚い復興の仕組みが、そのまま機能することは難しくなっていくと考えられる。「公」の予算で、かつ「公」が実施する形式で「住宅が壊れた」被災者を支援するという、「公」を復興の責任者とする仕組みではなく、多様な主体が協働で「地域」の復興に取り組むようなかたちに変換していく必要がある。平成の復興のユニットは「個」だったが、令和の復興では「地域」の視点へと移行していくことが求められるだろう。

こうした取組みの萌芽は平成の復興の中に存在している。阪神・淡路大震災の「白地地域」でのまちづくりは、さまざまな主体が連携して「地域」の復興に取り組み、それを「公」が支援するものだった。東日本大震災のグループ補助金を支援する企業については、「地域」の再建という観点から精査していく必要があるが、これもまた「公」による「私／地域」の領域への復興の取組みと言えるだろう。「私／個」の支援の観点では、東日本大震災で実施された災害ケースマネジメントが、社会保障と一体的な動きとなっている。平成の復興における「生活再建」も、昭和の時代の復興において課題となっていたものである。平成の復興の中に生まれた新たな動きが、次の時代の基盤となり、「令和の復興」をつくり上げていくのである。

5 令和の復興――事前に復興に取り組む

「私」から「地域」へ

平成の復興を通して、「公」が主体となり「私」に属する住宅・生業の再建支援を行う制度が構築された。令和の時代は、災害が頻発することが予想され、人口減少社会を見据えると、平成の「生活再建」を支援する手厚い復興の仕組みをそのまま機能させることは難しくなる。平成の復興の仕組みを、多様な主体が協働で復興に取り組むようなかたちに変えていく必要がある。被災した人の「個」別の再建は「私」の領域であり、基本的には「個」々が自分の責任で行うものである。保険制度を基本に、再建が難しい人に対しては応急仮設住宅、災害公営住宅のセーフティネットでカバーする仕組み、さらには既存の社会保障制度と連携した支援体制に変更していくことが求められる。

一方、「地域」というユニットの復興にも検討すべき課題が多く残されている。阪神・淡路大震災後、「私/個」に対する公的な支援の仕組みは、東日本大震災の復興において、あえて「まちの復興」「人の復興」という言葉で分けて語られるように、「個」の復興と「地域」の復興を分離させてしまった側面もある。グループ補助金という、「公」によって「地域」を再建支援する仕組みが東日本大震災で創設され、「地域」の再建という課題が重要視されるようになったが、「公」だけではない多様な主体による「地域」の復興をどうするかという問いについては検討が求められる。阪神・淡路大震災の復興における白地地域でのまちづくりでは、住民が中心となり「地域」の復興に取り組み、それをさまざまな専門家が支援し、さらに「公」が資金を提供するような動きも見られた。また白地地域での復興は、東日本大震災にも継承され、気仙沼市内湾地区の商店街を併設した災害公営住宅の建設では地域が主体となり、建築の専門家が支援を行い、さらに「公」による支援も行われた。

「近代復興」から「平成の復興」まで100年以上にわたって継続されてきた、「公」が復興の責任を担うという認識、さらには「公」が資金についてのすべての業務を担い、事業を実施するという仕組みを、「地域」が主体となり、その取組みを「公」を含めたさまざまな主体が復興を担う姿に変えていくことは容易ではない。そこで、「地域」が主体となった復興を実現する鍵となるのが「事前復興」と呼ばれる取り組みである。

事前復興とは何か

事前復興とは文字どおり、災害で被災する前から復興について考える対策である。東日本大震災後に注目されるようになったが、その取組みは30年ほど前から始まっており、米国では1994年にロサンゼルス近郊で大きな被害が発生したノースリッジ地震、日本では1995(平成7)年の阪神・淡路大震災以降を嚆矢とする。復興まちづくりというたいへんな経験を経て、災害前から復興も視野に入れたまちづくりについて考えておけばよい、と考えたのが日米両方で事前復興が始まるきっかけである。日本では、阪神・淡路大震災後、東京都、静岡県といった防災対策に熱心に取り組んでいた自治体で事前復興計画が策定されたが、それ以外の地域に拡がることはなかった。米国も同様に、この動きが全米へと拡がることはなかったが、2005年に発生したハリケーン・カトリーナによる災害でニューオリンズの復興が進まないことによって、再び事前復興が注目されるようになる。しばしばハリケーンに襲われるフロリダ州で事前復興計画策定が先進的に行われ、それとともに、連邦政府の計画にも復興が支援メニューとして明確に位置づけられるようになった14。日本では東日本大震災後に、密集市街地を抱える都市、さらに南海トラフ地震による被害が想定される地域で復興に関する関心が高まり、事前復興計画が策定されるようになっている。

事前復興には、復興マニュアルを作成する、復興計画を策定しておくといった復興を効率的に行うための検討を行う「復興事前準備」と、事前に検討した対策を被災前に実施する「防災減災対策」というふたつの側面がある15。「復興事前準備」にはさまざまな試みがある。和歌山県では、どこに防災集団移転団地を建設するのかといった復興まちづくり計画策定を行っている。また徳島県では、住民参加で進める、持続可能な地域づくりといった、復興を進めるうえでの基本的な考え方を整理するとともに、復興に関わる業務を体系的に整理し、災害前に取り組むべき項目の進捗状況についてモニタリングを行っている。行政レベルだけでなく、町内会や地区といった「地域」での活動も見られる。

「地域」で事前復興を考える

「地域」で災害前に復興を考えるためには、自分の住む地域が将来こうなっていてほしいという地域の将来ビジョンを持つこと、すなわち復興のゴール地点を定めることが最初のステップとなる。自分たちが思い描く将来像を実現するうえでの障害となるのが災害だが、さらに人口減少も大きな障害となる。災害や人口減少といった課題を踏まえ、設定したゴールにたどり着く道筋を描いた計画が事前復興計画である。あえて復興という言葉を使っているが、地域の将来計画と言っても良いものである。

市町村レベルでは「総合計画」というかたちで地域の将来ビジョンを描いているが、被災後に復興を進めるユニットとなる町内会や地区という「地域」単位で将来的なビジョンを持っている例はほとんどない。しかし、災害後、元に戻すのか、地域を離れるのかも含め、こうした地域にしようというビジョンなしに復興を考えることは不可能である。また災害直後は、たいへんな避難生活が強いられるとともに、地域を離れる人も多く存在し、みんなで地域の将来ビジョンを考えることは難しい。その結果、思うような復興ができず、外形的には人が戻ってこない、空き地が多く存在するといった結果として現れる。地域ビジョンを描き、事前復興計画を作成するという「復興事前準備」に加え、その計画を実現していく「防災減災対策」の取組みを行う地域もある。徳島県美波町由岐湾内地区のように、高台移転地を自分たちで整備する動きも見られる。

がんばった地域が復興できる仕組みづくりを

東日本大震災から10年以上が経過し、津波から安全に再建されたまちに空き地が目立つといった課題が報道され、復興への関心が高まっている。東日本大震災の復興に関わった行政職員や住民は、異口同音に災害前から復興について考えておくことの重要性を指摘するが、事前復興の取組みは低調である。その原因として、人口減少が進む中で被災し、復興が完了する数十年先の地域の姿を想定することが難しいこと、被災後の復興事業をには国から大きな支援が得られるのに対し、被災に備え、高台移転を行った場合には、復興事業ほどの支援を得られないことが挙げられる。被災後の支援が手厚いことがかえって、災害前の取組みを阻害している。地域の多様な主体と協働で復興を行い、地域が目指す姿を実現するためには、事前に対策を行った地域が報われるような仕組みの構築が必要である。

私が夢見る令和の復興の姿とは、被災後、世界各国、日本全国からのさまざまな支援を、地域が主体となって受け入れ、地域が災害前に描いた姿が復興で実現されるというものである。それは災害を契機に集落をたたむということでも、隣の集落と一緒に別のところに移動するということでもよい。人口が少なく、自分たちでは再建することが難しい地域には国が手を差し伸べる。繰り返しになるが、そのためには災害前から被災することも踏まえた地域の姿、ありようを描き、その実現のために努力していることが不可欠である。何の備えもなく、良い復興が実現されるということはありえない。

注

1　林春男『いのちを守る地震防災学』（岩波書店、2003年）

2　デビット・マメン『復興の創造――9／11からのニューヨークの価値観とアプローチ』（林春男訳、富士技術出版、2012年）

3　Sean Reilly, "Finding Silver Linings", *Louisiana Law Review*, Volume 68, Number 2, Winter 2008.

4　日本経済団体連合会社会貢献推進委員会1%（ワンパーセント）クラブ「東日本大震災における経済界の被災者・被災地支援活動に関する報告書――経済界による共助の取り組み」（2012年3月）

5　東日本大震災住宅見舞金一覧　https://tw.tzuchi.org/jp/downloads/20161019_311earthquake_relief.pdf〔2023年6月21日閲覧〕

6　滝井裕樹、立木茂雄、川見文紀、藤本慎也、牧紀男「住宅再建方法が生活復興感に与える影響について――2014・2015・2016・2017・2020年名取市現況調査パネル・データをもとに」『地域安全学会論文集』（40号〈電子ジャーナル論文〉、2022年）所収、21〜28ページ

7　牧紀男「南海トラフ地震に係る被害想定リスクが高い地域等における事前防災まちづくり」『都市計画』（70巻、2号、2021年）所収、76〜79ページ

8　内閣府（防災）「被災者生活支援制度とは？（制度の概要）」https://www.bousai.go.jp/kaigirep/kentokai/saikenshien/pdf/kentou5/siryo3_2.pdf〔2023年5月1日閲覧〕

9　牧紀男「災害後の生活再建支援基準をどう考えるのか？――建物の「全壊」・「半壊」調査の変遷」『日本建築学会計画系論文集』（85巻、768号、2020年）所収、351〜359ページ

10　津久井進『災害ケースマネジメント◎ガイドブック』（合同出版、2020年）、46ページ

11　菅野拓『災害対応ガバナンス――被災者支援の混乱を止める』（ナカニシヤ出版、2021年）

12　福井県「福井震災誌」（福井県、1949年）、382ページ

13　菅野拓『災害対応ガバナンス――被災者支援の混乱を止める』（ナカニシヤ出版、2021年）、89ページ

14　大津山堅介、牧紀男「防災政策体系における事前復興計画の位置づけに関する日米比較と課題抽出」『都市計画論文集』（53巻、2号、2018年）所収、132〜143ページ

15　国土交通省都市局都市安全課「復興まちづくりのための事前準備ガイドライン」（2018年）

補論　福島——原子力災害からの復興

自然災害と人為災害

本書では、東日本大震災の福島第1原子力発電所事故からの復興については対象とせずに論を進めてきた。自然災害の場合、復旧・復興は、災害前の被害を減らす対策も含めた総合的な枠組みの中で位置づけることが可能であり、被災前から被災市街地復興特別措置法、土地区画整理法といった復興のための仕組みがある。原子力災害については1998（平成10）年の、JCOによる核燃料製造中に発生した事故の反省から制定された原子力災害対策特別措置法がある。しかし、この法律は災害直後の対応を定めるものであり、福島第1原子力発電所の事故後に取り組まれた復興まで含めた対応は規定されていない。

福島第1原子力発電所事故からの復興は、被災から1年後の2012年に制定された福島復興再生特別措置法（以下、福島特措法）にもとづき進められており、今後の復興のあり方として提案したような、事前の復興に対する備えという枠組みで対応できたものではない。さらに原子力災害の場合、事故を起こした当事者が存在し、避難にともなう慰謝料の支払いや損害賠償が行われており、資金の確保、心情といった面で大きく異なる。

災害発生から12年が経過しているが、福島での原子力災害からの復興の取組みはようやく途に就いたところである。福島第1原子力発電所事故からの復興は、平成の時代に確立されてきた自然災害からの復興とは枠組みが異なることから、本書の本文中ではほとんど触れていない。しかし、福島の復興について知る・共有することはたいへん重要である。筆者に原子力発電所事故の影響からの復興について分析を行う能力はないが、以下、福島の復興の取組みと現状について整理しておきたい。

復興へのプロセス

福島第1原子力発電所事故では、その直後、20キロ圏内が「避難指示区域」、20〜30キロ圏内が「屋内退避指示区域」に指定された。1ヵ月後の4月には立入が禁止される半径20キロ圏内の「警戒区域」、年間追加被ばく線量が20ミリシーベルトを超える放射線量が高い地域は、立入はできるが宿泊はできない「計画的避難区域」、30キロ圏内が避難に備える「緊急時避難準備区域」に指定された。被災した地域の復興の取組みが始まるのは、原子炉が安全な状態（冷温停止状態）になった2011（平成23）年12月以降のことである。その後、順次、避難指示区域の見直しが行われ、約2年半後の2013年8月に、5年後以降も放射線量が高いと想定される「帰還困難区域」（年間追加被ばく線量50ミリシーベルト以上、立入禁止）、「居住制限区域」（同20〜50ミリシーベルト、立入可・事業活動不可・宿泊禁止）、「避難指示解除準備区域」（同20ミリシーベルト以下、立入可・事業活動可・宿泊禁止）という3つの区分に見直される。

放射性物質が付着した家屋の洗浄、草木の伐採を行う除染作業を行うことで地域の放射線量を下げ、順次、避難指示の解除が進められ、震災から6年後の2017年3月末まで「帰還困難区域」以外の避難指示が解除された。「居住制限区域」「避難指示解除準備区域」に住んでいた人は8・1万人であるが、全国各地に避難しており、帰還希望者も少なく基本的には個別に生活の再建が行われてきた。しかし、福島第1原子力発電所が立地していた双葉町・大熊町は町域の大部分、また元役場があった旧中心市街地が「帰還困難区域」

に指定され、町役場も別の地域にあり地域として の復興を進めることができない状態であった。そのため2015年ごろからまちの復興を行うための制度整備が行われる。

2015年に福島特措法が改正され、まちを再建するための仕組みとして「一団地の復興再生拠点整備事業」（以下、復興拠点整備事業）が創設される。この事業は、津波災害からの復興のために新たに創設された津波防災拠点整備事業の原子力災害版であり、復興拠点を整備するための用地買収と公共施設や商店と施設の再建を支援するものである。大熊町ではこの制度を利用し、町内の中でも放射線量が比較的低く「居住制限地区」であった大川原地区に役場の新庁舎と学校、商店、公営住宅の整備を行い、震災から8年目となる2019年に福島県の会津若松市といわき市にあった役場の出張所を元の町内に戻す。復興拠点整備事業によるまちの再建は、他の町でも実施されている。浪江町ではこの事業を用いて駅周辺整備を行っており、建築家の隈研吾による駅周辺グランドデザイン基本計画が策定されている。

さらに「帰還困難区域」内でのまちとしての復興を実施するため、2017年には福島特措法が再度改正され、「帰還困難区域」内に「特定復興再生拠点区域」（以下、復興拠点区域）を設定することが可能になる。復興拠点区域では除染とインフラ整備が行われ、復興拠点整備事業を用いてまちの再建が行われる。双葉町ではこの仕組みでJR常磐線双葉駅周辺において役場、公営住宅、さらにはまちに必要な施設の整備が行われ、震災から12年目となる2023（令和5）年、事故以降、埼玉県加須市、福島県いわき市と移転してきた役場をようやく元の町内に戻すことができた。「帰還困難区域」の解消が現在の福島の復興課題であり、

2023年に福島特措法が改正され「特定帰還居住区域」という区分が設定された。住民の帰還希望に応じて復興拠点に加えて新たに区域を設定し、宅地や道路、集会場、墓地などを除染し、避難指示を解除していくことが可能になっている。

現在も続く復興

原子力発電所の事故からの復興は火山災害の復興と類似性がある。雲仙普賢岳の噴火災害の場合、警戒区域が設定され火山活動が休止するまでの期間、危険な地域からの避難が行われた。また火山活動が休止した後も、雨が降るたびに山麓に降り積もった火山灰が土石流として流出し、長期にわたる土石流対策が必要となった。人為的な要因で発生したのか、自然現象なのかということは、被災をどのようにとらえるのかという点が大きく異なり比較することはできないが、現象としては類似性がある。

東日本大震災発生から12年が経過した現在も、福島第1原子力発電所事故からの復興は続いている。津波による被災地域の復興事業はほぼ完了したが、福島県の復興拠点区域でのまちの再建は、ようやく途に就いたところである。公営住宅の建設、学校、商店、公共施設といったまちの再建に向けた施設の計画・建設が今後、行われていく。東日本大震災からの復興は、現在も続いていることを知る必要がある。

あとがき

最初に私が日本の災害事例について研究を行ったのは、この本にも出てくる雲仙普賢岳の噴火災害である。応急仮設住宅についてまとめた論文（三浦研、小林正美、牧紀男「災害仮設住宅研究その2――雲仙普賢岳の噴火災害に伴い建設された仮設住宅」1994年）を確認したところ、1993（平成5）年10月25〜29日に調査を行っているから、災害研究を始めて今年で30年になる。東日本大震災から10周年のタイミングで、この本を出版しようと考えていたが間に合わず、2023年の出版となった。平成の復興を振り返るという意味では、関東大震災（1923年）から100周年となる今年がふさわしいと思う。また個人的には災害と復興の研究を始めて30年になり、一区切りをつけるという意味もある。

本書で扱った災害はすべて筆者が、ある程度頻繁に現地に通った事例である。復興の研究というのは案外たいへんで、被害調査であれば直後の視察で完了するが、復興の調査はその場所に通い続ける必要がある。とくに平成の時代は日本では災害が頻発し、海外でもインド洋地震津波（2004年）、ハリケーン・カトリーナ（2005年）といった大きな災害が発生した。そのため復興研究では、通う場所が「雪だるま式」に増えていく。例えば、東日本大震災が発生した2011年は、新潟県中越地震（2004年）の復興期間である10年が経過しておらず、また、2013年度には新潟中越沖地震の復興評価のワークショップを開催していた。

平成の復興誌を扱う本書が対象にした災害は、東日本大震災（２０１１年）までであるが、それ以降も、２０１６年には熊本地震が発生している。平成の災害であるが、震災発生３年後の２０１９（平成31／令和元）年に元号が令和に変わる。復興という観点からは、令和の時代にも取組みが続くことから本書では対象とはしなかった。加えて、次第に被災地に通うために使える時間が少なくなり、熊本地震の被災地に頻繁に通うことができなかったというのも対象から外した理由である。

本書で多くのページを割いたのは、阪神・淡路大震災、新潟県中越地震、そして東日本大震災である。阪神・淡路大震災については、震災から３年後の１９９８年から兵庫県にある地震防災フロンティア研究センターの研究員として、現地で復興のプロセスを体験しながら調査研究を行ってきた。新潟県中越地震については当時、長岡造形大学におられた澤田雅浩先生（現兵庫県立大学）に多くのことを教えていただくと同時に、小千谷市の復興計画策定と検証に関わらせていただいた。東日本大震災は、関西を拠点とする筆者には遠方の災害であり、復興に関わることが難しく、災害直後に岩手県庁の災害対策本部のお手伝いをした以外は直接関わっていない。復興について学ぶとともに、その成果を南海トラフ地震の想定被災地の事前復興の取組みに活用するということを行ってきた。そうした中で東北大学の姥浦道生先生が主宰される研究会では実際に復興に関わる方々に出会うことができ、多くのことを学ばせていただいた。

私が災害と復興の研究に従事した30年はちょうど平成の時代と重なり、日本の復興制度が大きく変化した時期であった。復興制度が変化していく姿、そして残された課題について、できるかぎり丁寧にまとめたつもりである。ほとんど原型を留めていないので個別に書き出すことはしないが、本書の元となったのは、著者が過去に書いた論文、書籍や雑誌の原稿の内容で、この本をまとめるにあたり新たに書き起こした内容もある。

私よりも上の世代の先生方が昭和の復興について、阪神・淡路大震災後にまとめている。本書は、平成の時代の復興についてまとめた次世代への引き継ぎ書である。熊本地震以降の災害については次の世代の論考を待ちたいと思う。

この本は、単著としては3冊目の本であるが、私の雑な文章・論考に対して慶應義塾大学出版会の川尻大介さんからはたいへん丁寧なコメントをいただいた。ここに記して謝意を表したい。また、私の研究活動を助けていただいた多くの研究者の方々、そして家族にも謝意を表したい。

2023年7月10日
コロラド州ボルダーにて
牧　紀男

災害名称索引

事項索引

さ

た

な

は

ま

ら

著者紹介
牧紀男（まき・のりお）
京都大学防災研究所社会防災研究部門教授、防災計画、災害復興計画。1968年生まれ。1991年京都大学工学部建築学科卒業。1996年京都大学大学院工学研究科環境地球工学専攻博士課程指導認定退学。京都大学大学院工学研究科助手、理化学研究所／防災科学技術研究所地震防災フロンティア研究センター副チームリーダー、カリフォルニア大学バークレー校客員研究員等を経て、2014年より現職。博士（工学）。2023年より日本建築学会副会長。専門は建築学、防災計画、災害復興計画、危機管理システム、すまいの災害誌。自治体の防災戦略計画策定、地域防災計画にたずさわるとともに、被災地における自治体支援活動を行っている。主な職務に、2004年新潟県中越地震で被災した小千谷市の復興計画の策定・検証、2011年東日本大震災・岩手県災害対策本部における災害対応時の情報処理支援など。国内外の災害後の復興プロセス、住宅再建についても調査を実施。主著に『復興の防災計画——巨大災害に向けて』（鹿島出版会、2013年）、『災害の住宅誌——人々の移動とすまい』（鹿島出版会、2011年）など。

平成災害復興誌
——新たなる再建スキームをめざして

2023年8月25日　初版第1刷発行

著　者————牧　紀男
発行者————大野友寛
発行所————慶應義塾大学出版会株式会社
〒108-8346　東京都港区三田2-19-30
TEL〔編集部〕03-3451-0931
〔営業部〕03-3451-3584〈ご注文〉
〔　〃　〕03-3451-6926
FAX〔営業部〕03-3451-3122
振替 00190-8-155497
https://www.keio-up.co.jp/
ブックデザイン—白井敬尚＋三橋光太郎（白井敬尚形成事務所）
印刷・製本——中央精版印刷株式会社
カバー印刷——株式会社太平印刷社

Printed in Japan ISBN 978-4-7664-2910-7